PENSOUILLARD
LE HAMSTER

Les Éditions Transcontinental
1100, boul. René-Lévesque Ouest, 24e étage
Montréal (Québec) H3B 4X9
Téléphone : 514 392-9000 ou 1 800 361-5479
www.livres.transcontinental.ca

Pour connaître nos autres titres, consultez le www.livres.transcontinental.ca. Pour bénéficier de nos tarifs spéciaux s'appliquant aux bibliothèques d'entreprise ou aux achats en gros, informez-vous au 1 866 800-2500.

Catalogage avant publication de Bibliothèque et Archives nationales du Québec et Bibliothèque et Archives Canada

Marquis, Serge, 1953-

Pensouillard le hamster : petit traité de décroissance personnelle

ISBN 978-2-89472-391-3

1. Tranquillité d'esprit. 2. Négativisme. I. Titre.

BF637.P3M37 2011   158.1   C2011-941710-3

Chef de la production : Mathieu de Lajartre
Révision : Lyne Roy
Correction : Catherine Calabretta
Conception graphique de la couverture : Annick Désormeaux
Photo de l'auteur : Maude Chauvin
Infographie : Diane Marquette
Impression : Transcontinental Gagné

Imprimé au Canada
© Les Éditions Transcontinental, 2011
Dépôt légal – Bibliothèque et Archives nationales du Québec, 4e trimestre 2011
Bibliothèque et Archives Canada
2e impression, novembre 2011

Nous reconnaissons l'aide financière du gouvernement du Canada par l'entremise du Fonds du livre du Canada pour nos activités d'édition. Nous remercions également la SODEC de son appui financier (programmes Aide à l'édition et Aide à la promotion).

Les Éditions Transcontinental sont membres de l'Association nationale des éditeurs de livres.

Imprimé sur Rolland Enviro110, contenant 100% de fibres recyclées postconsommation, certifié Éco-Logo, Procédé sans chlore, FSC Recyclé et fabriqué à partir d'énergie biogaz.

Docteur Serge Marquis

PENSOUILLARD LE HAMSTER

PETIT TRAITÉ DE DÉCROISSANCE PERSONNELLE

Les Éditions
Transcontinental

À Danielle,
toute ma vie sait pourquoi...

Le Moi ne pourra jamais devenir meilleur. Il peut varier d'un moment à l'autre, mais il reste toujours le Moi, cette activité séparatrice et centrée sur soi, qui espère un jour devenir ce qu'elle n'est pas. [...] Il n'y a que la fin du Moi !

Jiddu Krishnamurti

Table des matières

Introduction
Comment se faire souffrir avec des banalités............................ 11

1
Quand Pensouillard entre en scène 17

2
Petit traité de décroissance personnelle 33

3
La décroissance personnelle : marche à suivre 59

4
Apprendre à ne pas s'identifier 75

5
Les péchés capitaux (au ralenti) 81

6
Arrêter de se faire du cinéma 91

7
Du sexe, du sexe, encore du sexe ! 103

8
S'adonner à la méditation 115

9
Décroître et éloigner les mangeurs de poux 131

10
Utiliser ses sens pour décroître 149

11
Ego or not ego ? 157

12
Être ce qui ne vieillit jamais 163

13
Faire un peu de ménage dans le moment présent 169

Conclusion
La résurrection existe 179

Remerciements 183

Introduction
Comment se faire souffrir avec des banalités

Une grande partie de la souffrance humaine est inutile.
On se l'inflige à soi-même. Une grande partie de la souffrance humaine
est associée à une forme ou à une autre de résistance,
de non-acceptation de ce qui est.
Eckhart Tolle

7 h du matin. Vous êtes dans la salle de bains, assis sur la cuvette. Vous venez de vous réveiller, votre cerveau est encore dans la brume. Au moment où votre main se tend pour saisir le papier hygiénique, vous vous rendez compte qu'il n'en reste plus ! Ne reste que le carton. Des mots déferlent dans votre tête : « C'est pas vrai !

Pourquoi est-ce toujours à moi que ces choses arrivent ? Ce n'est pas compliqué de changer un rouleau de papier de toilette, merde, ça ne prend pas un génie ! »

Il ne s'est pourtant écoulé que cinq minutes depuis que vous avez ouvert les yeux. Cinq petites minutes, et vous ne vous sentez pas bien du tout, tout ça pour un rouleau vide ! Il a suffi de quelques mots dans votre tête et pouf, vous avez les mâchoires serrées, l'œsophage noué…

7 h 10. Vous êtes maintenant sous la douche. Vous laissez toujours la bouteille de shampooing au même endroit, question d'efficacité. Vous n'êtes pas maniaque, non, mais vous avez vos petites habitudes. Tout mouillé, prêt à vous laver les cheveux, vous vous penchez pour saisir la bouteille et, surprise, pas de bouteille ! À travers la porte de douche, vous la voyez, immense, qui vous défie depuis le bord de la baignoire. Le temps d'un éclair, les mots s'activent à nouveau dans votre crâne : « Comment peut-elle (votre fille) n'avoir pas pensé à la remettre dans la douche ? Est-ce que j'existe, moi, ici ? »

De petites crampes se succèdent entre votre gorge et votre nombril. Dix minutes seulement depuis votre réveil. La journée promet d'être longue.

7 h 20. Vous cherchez des chaussettes propres dans le tiroir où elles sont habituellement rangées. Vous voulez les brunes, ce serait un mariage parfait avec votre pantalon beige. Vous avez beau fouiller, les brunes ne sont pas là ! Votre compagne, responsable du lavage, a déjà quitté la maison pour le travail. Et c'est reparti dans votre tête : « Madame est au-dessus de ça maintenant. Son emploi est plus important que moi... Pourtant, je ne sais pas comment elle s'en tirerait si je n'étais pas là ! Dire que je me fends en quatre pour lui offrir une belle vie et c'est ça que j'ai en récompense. » C'est comme si vous aviez les chaussettes en travers du gosier tellement votre respiration est courte. Le pire dans tout ça, c'est que vous n'avez encore parlé à personne.

7 h 30. Vous venez de manger une banane. Vous voulez jeter la peau dans le sac à ordures dissimulé derrière l'armoire, sous l'évier. Vous ouvrez la porte, et le sac, débordant, fend devant vos yeux. Un os de poulet a percé le plastique. Vous regardez votre fille lire le journal en mangeant ses céréales. La tempête reprend dans votre crâne : « C'est pas croyable. Je suis le serviteur de sa majesté, comme si je n'avais rien d'autre à faire ! La princesse ne daignerait surtout pas sortir les poubelles, c'est sûr ! Elle pourrait se contaminer, ou encore se piquer avec l'os de poulet et s'endormir pour cent ans ! Sait-elle seulement changer un sac poubelle ? » Vous avez les tripes en bouillie.

7 h 45. Vous êtes maintenant en voiture. Vous attendez au feu rouge. Le feu passe au vert, mais la voiture devant demeure immobile. Vous voyez l'automobiliste gesticuler. Il semble s'adresser au passager derrière lui, un enfant. Déjà trois secondes, au moins, que le feu est passé au vert. Il n'en faut pas plus pour que votre caboche se meuble de : « Réveille, imbécile ! T'es peut-être pas pressé, mais moi, je le suis, on m'attend ! » Pendant que votre main écrase le klaxon, votre cou semble s'être raccourci sous le poids de votre tête. C'est un peu douloureux, mais la douleur ne vous arrête pas : « La planète peut bien être malade avec des endormis dans ton genre pour la peupler. » Vos mains serrent le volant comme si vous étiez en train d'étrangler un assaillant. Il ne reste plus beaucoup d'air dans vos poumons. Vous êtes affligé d'une toux soudaine alors que vous n'avez aucun symptôme de rhume ou de grippe ; vos bronches sont un peu crispées. Et dire que votre réveille-matin a sonné il y a à peine une heure…

STOP ! Arrêtez-vous.

Il est grand temps de faire une pause dans votre journée. Et dans votre tête.

Nous connaissons tous des journées où tout semble aller de travers, où le monde entier semble nous en vouloir. Des journées compliquées au cours desquelles nos enfants, nos parents, nos collègues, nos amis, bref, le monde entier, semblent avoir décidé de nous faire suer. Vous voyez de quoi je parle, hein ? Ne dit-on pas que l'enfer, c'est les autres ?

Pourtant, inconsciemment, c'est vous qui vous mettez dans cette situation, qui vous compliquez l'existence et celle des autres. Vous souffrez, c'est certain, mais vous ne savez pas quoi faire pour que cette souffrance cesse. Vous ne savez même pas d'où elle vous vient. Avez-vous la moindre idée de ce qui vous fait réagir ainsi ? Non ? Vraiment pas ? La réponse est simple :

> **Vous avez un hamster dans la tête.**
>
> **Un petit rongeur invisible monopolise toute votre attention et, en une fraction de seconde, il se met à courir et vous fait perdre la boule !**

Je vous sens sceptique. Je le serais à votre place. Pourtant, tout le monde a un hamster dans la tête, absolument TOUT LE MONDE. Moi le premier, auteur de ce livre, j'ai un hamster dans la tête ! Si je veux vous en parler aujourd'hui, c'est parce que je sais à quel point il peut faire souffrir. Je sais à quel point il m'a fait souffrir. Je dirais que cette souffrance a commencé vers l'âge de quatre ou cinq ans (oui, si tôt!). Je ne savais ce que c'était à l'époque, je l'ai compris plus tard, puis j'ai eu le privilège d'apprivoiser cette petite bête. J'y ai mis du temps, beaucoup de temps, et cela a suscité une grande souffrance, mais j'ai compris à quoi l'animal carburait.

J'aimerais vous le présenter et vous expliquer comment le calmer afin qu'il n'emmerde plus personne, à commencer par vous-même. Personne ne vous oblige à vivre avec cette nuisance.

1

Quand Pensouillard entre en scène

L'ego est le résultat d'une activité mentale
qui crée et maintient en vie une entité
imaginaire dans notre esprit.
Han F. de Wit

Ce petit hamster qui trotte dans la tête des humains, je l'ai appelé Pensouillard parce qu'il « pensouille » beaucoup, mais pense très peu ! J'appelle même « pensouillures » le blabla qui meuble nos têtes toute la journée : jugements, blâmes ou critiques, gnagnagni, gnagnagna, etc. Vous savez de quoi je parle, nous vivons tous des périodes de stress où nous n'arrivons pas à prendre du recul. Rien à voir avec les pensées claires et utiles qui permettent aux humains de passer à l'action en vue d'entretenir ou d'améliorer leur bien-être et celui des autres.

Pensouillard porte aussi le nom d'ego, un mot utile pour identifier l'activité mentale qui, quelque part, au cours de l'histoire, « s'est prise pour un individu[1] » ou qui, en d'autres mots, s'est prise pour vous, pour moi.

Ne cherchez pas Pensouillard, il est insaisissable ! Même avec les machines très modernes qui permettent d'observer le fonctionnement de la cervelle en direct – images en couleurs et en trois dimensions –, on n'a jamais vu de hamster dans la tête de personne.

Pourtant, c'est un monstre ! Cette petite bête est le maître de la souffrance, celui qui la crée et qui la répand. Et comment fait-il ? Simplement en ramenant tout à lui : Moi ! Moi ! Moi ! Pas besoin d'être une superstar pour avoir un ego surdimensionné-démesuré-boursouflé-hypertrophié. Pas besoin non plus de théories psychanalytiques bien compliquées pour découvrir que le petit moi n'est qu'un rongeur agité qui, dans sa roue, passe son temps à dire je, je, je ou moi, moi, moi,

---

1 Chan, Yen (2006). *La voie du bambou*, Paris, Édition Almora, p. 96.

comme dans « Pourquoi n'est-ce jamais moi qui...? » ou, à l'inverse, « Pourquoi est-ce toujours moi qui...? »

Souvenez-vous du papier hygiénique, du shampooing, de la poubelle, de l'automobiliste... Vous *contre* les autres. Votre moi, votre ego, contre les autres. Pensouillard défendant son titre contre la terre entière !

La plupart des humains ignorent que Pensouillard vit en eux. Dès que celui-ci amorce sa course, il occupe toute la place dans la cervelle. Plus moyen alors de réfléchir ni de se calmer. Plus d'espace pour autre chose que son tintamarre. Pas un centimètre carré de conscience pour observer sa roulette et les délires qui en sortent.

Revenons sur la journée décrite précédemment, une journée bien ordinaire dans une vie tranquille, mais introduisons la bête et voyez comme elle vous mène où elle veut.

L'effet Pensouillard

7 h du matin. Un rouleau de papier hygiénique vide n'a pas le pouvoir de vous faire mal. Ce n'est pas un instrument de torture. Toutes les réactions physiques désagréables apparaissent parce que votre ego est froissé. Il se sent négligé. Bien sûr, la vie serait plus facile si vous n'aviez pas à faire trois pas pour aller chercher un nouveau rouleau et si tout le monde respectait tout le monde dans votre maison. Mais trois pas dans une belle salle de bains ne constituent pas non plus une torture. Allez, vous vous êtes reconnu tout à l'heure, non ? Qui n'a jamais eu à changer de rouleau parce que l'utilisateur précédent ne l'avait pas fait ? Probablement personne. Le problème est dans votre tête, dans votre réaction, dans la course du hamster frustré : « Pourquoi est-ce toujours à MOI que ces choses arrivent ? Pourquoi dois-je tout faire ici ? »

Une telle réflexion implique que vous, vous l'auriez changé, le rouleau, car vous, vous êtes différent ! Vous n'êtes pas comme tous ces paresseux qui ne pensent pas plus loin que le bout de leur nez. Vous n'êtes pas paresseux, vous ! Vous êtes spécial, exceptionnel. Vous faites ce que personne d'autre ne fait. Vous pensez toujours aux autres et à leurs besoins ; jamais vous n'auriez laissé un bout de carton tout nu sur le porte-rouleau. Jamais !

Voyez-vous votre hamster s'emballer ?

7 h 10. Une bouteille de shampooing n'est pas non plus un instrument de torture, pas plus que votre lunatique de fille n'est un bourreau. Mais les pensouillures qui giclent de votre roulette (Comment n'a-t-elle pas pensé à la remettre dans la douche ? Et les autres ? Et MOI ?) provoquent une sécrétion d'hormones qui déferlent dans votre sang. Du même coup apparaissent les contractions musculaires et d'autres réactions que vous appelez le merdier dans lequel vous devez vivre. L'origine de ce merdier n'a rien à voir avec la bouteille ni avec votre fille. C'est encore votre ego qui exige d'être considéré à sa juste valeur et qui pensouille des je-ne-suis-quand-même-pas-un-meuble-après-tout !

À nouveau, ce pensouillage implique que vous, l'être à nul autre pareil, vous l'auriez remise dans la douche cette satanée bouteille. Parce que vous, vous savez ce qu'il faut faire. Vous êtes suffisamment brillant pour distinguer ce qui est respectueux de ce qui ne l'est pas, ce qui est juste de ce qui ne l'est pas, ce qui est bon de ce qui ne l'est pas. Il est ainsi fait, votre moi si spécial ! Mais les autres… Ah ! les autres, tous des minables !

Et les chaussettes brunes qui ne sont pas dans le tiroir, et l'os de poulet qui fend le sac poubelle, et l'imbécile qui ne démarre pas au feu vert… Autant d'occasions pour que le tapage « égoïque » remplisse votre crâne et que l'espace disponible pour le silence ou la réflexion intelligente soit anéanti. Ne reste que Pensouillard dans votre tête et son tas de pensouillures qu'il prend pour de brillantes pensées : « Je ne compte plus pour ma femme, ma fille est une princesse et l'automobiliste, là devant, un taré ! »

Je suis persuadé que les situations qui suivent vous rappelleront des moments que vous avez vécus, ou à tout le moins que vous comprendrez qu'il suffit d'un instant d'inattention pour que notre hamster prenne le contrôle de la situation. Nous avons pourtant tant à gagner à ce qu'il se calme !

Ce hamster qui dérape

8 h 45. Vous êtes en train de faire une présentation à votre équipe ou encore vous donnez un cours à l'université. Pendant que vous parlez, un retardataire se pointe. Tous les yeux se tournent vers lui, et hop, vous avez perdu l'attention de vos spectateurs ! En une fraction de seconde, Pensouillard se déchaîne : « Qu'est-ce qu'ils ont tous à le regarder, celui-là ? Un nul qui trouve toujours le moyen de se faire remarquer ! Et moi, plus personne ne m'écoute ! » L'inconfort vous envahit. Vous perdez le fil de vos idées, vous transpirez, vous bafouillez...

10 h. Vous prenez vos messages dans votre boîte vocale et entendez la voix de votre mère. Elle vous annonce que votre père a été transporté à l'hôpital en ambulance au cours de la nuit. On ne connaît pas encore la nature du problème, il s'est senti mal après avoir regardé le bulletin de nouvelles. Pensouillard ne fait ni une ni deux et se met à galoper: « Merde, ça tombe mal, avec tout ce que j'ai à faire aujourd'hui ! C'est bien lui, ça : tout pour m'emmerder. » Vous avez l'impression que votre tête va éclater, mais vous ne trouvez plus vos analgésiques. Pensouillard se manifeste à nouveau: « Qui m'a piqué mes pilules ? C'est comme si la vie m'en voulait. Je ne lui ai pourtant rien fait, moi, à la vie ! Pourquoi est-elle si dure avec moi ? »

13 h. Vous apprenez qu'un de vos collègues s'est fait offrir la promotion sur laquelle vous comptiez pour améliorer votre sort. Vous avez travaillé des heures supplémentaires, suivi des formations les week-ends, participé à des comités, et lui, rien de ça. Il n'en faut pas plus pour que Pensouillard remette sa roulette en branle: « Pourquoi lui ? Qu'est-ce qu'il a de plus que moi ? Téteux de boss. J'aurais dû m'en douter: la compétence, on s'en fout ici ! Ce n'est pas du talent que ça prend aujourd'hui, c'est une langue bien pendue. » Un peu plus tard, les pensouillures changent de registre : « De toute façon, je n'ai plus le goût de travailler ici. Je ne suis peut-être pas à ma place, après tout. Je n'ai plus ce qu'il faut. En tout cas, pour avoir un peu de reconnaissance, il faudra repasser ! » Vous avez le cœur lourd, comme s'il s'était transformé en gros caillou.

19 h. Vous mangez avec des amis. Roger y est et raconte ses histoires. Roger est l'homme des exploits : il a rencontré le dalaï-lama, grimpé le Kilimandjaro, vaincu le cancer et fait fortune dans l'immobilier. Maintenant, il consacre une partie de ses temps libres à faire du bénévolat à l'unité de soins palliatifs de l'Hôpital Notre-Dame. Ce soir, Pensouillard est particulièrement agile dans sa tête : « La semaine dernière, j'ai bu un Château d'Yquem 1982 au restaurant cinq étoiles qui vient d'ouvrir rue Sherbrooke. Jamais rien goûté d'aussi fabuleux ! » Puis, il enchaîne : « Mardi prochain, j'assiste à un colloque sur l'environnement. J'y ai été invité par un ami qui aimerait que je m'implique. » Votre propre Pensouillard n'arrête pas de courir pendant que Roger parle : « Pourquoi n'ai-je pas une vie comme ça, moi ? Ça m'énerve, tout lui réussit. Il prendrait un billet de loto et il gagnerait, c'est sûr ! Et il est généreux en plus...

Ça m'écœure.» Vous avez envie de foutre le camp, mais votre Pensouillard vous lance des : «Mais de quoi je vais avoir l'air si je m'en vais? Je devrais lui montrer qu'il n'est pas tout seul à servir l'humanité.» Et vous continuez à vous gratter les cuisses, comme si vous veniez de vous faire piquer par des maringouins.

22 h. Le téléphone sonne. C'est la police. On a arrêté votre fils en état d'ébriété. On a trouvé sur lui de la marijuana. On doit le garder pour la nuit, peut-être même pour plus longtemps. Pensouillard bondit dans votre cervelle : «Qu'est-ce que j'ai fait au Bon Dieu pour mériter ça? Il n'a manqué de rien, merde! J'ai toujours été là pour lui! Ah! ses amis! Tous des vauriens.»

Minuit. Vous êtes étendu, les yeux grands ouverts. Pensouillard s'est transformé en animal nocturne. Il semble même s'être reproduit au cours de la journée. C'est comme si vous en aviez fait l'élevage. Vous êtes dorénavant incapable de réfléchir calmement : «Où est-ce que je me suis trompé? Mon fils est un drogué parce que je suis un parent pourri; ma carrière stagne; même mes amis doivent avoir pitié de moi...» Ça continue de tourner pendant des heures. De la torture neuronale.

STOP!

Se calmer les nerfs

Dans les situations qui précèdent, reconnaissez-vous la présence du gros ego? Je vais vous aider. Il y a Roger, il y a ce collègue qui a été promu, les amis de votre fils, le retardataire...

Un auditoire qui détourne son attention, pourquoi cela vous met-il tout à l'envers? Bien sûr, il serait extraordinaire que tous les êtres humains soient comme vous et qu'ils écoutent sans décrocher lorsqu'on leur dit des choses importantes et intéressantes. Dans un monde où tous les Pensouillard auraient été apprivoisés, il en serait peut-être ainsi. Pourtant, on n'en est pas là! Il semblerait même que, en cette époque de modernité, nous assistions à une accélération de la course des hamsters dans les têtes humaines, incluant la vôtre, évidemment!

Lorsque les yeux de votre auditoire se détournent pour regarder ce retardataire qui se pointe, votre ego se sent soudainement privé de l'attention qui le nourrit. Pour Pensouillard, un tel détournement d'attention équivaut à: « Et moi alors? On ne s'occupe plus de moi? On m'abandonne? Que va-t-il m'arriver? » Pensouillard veut toute l'attention pour lui seul. Il ne peut pas, un seul instant, laisser votre conscience tranquille et permettre à votre intelligence de comprendre que des têtes qui s'orientent vers une porte qui ouvre, c'est un réflexe de survie ! Ce réflexe très primitif remonte à l'époque où il fallait surveiller le moindre changement dans son environnement pour être certain de n'être pas dévoré tout cru ! Pensouillard ne peut pas voir ça, car il a lui-même terriblement peur de mourir si on ne s'occupe plus de lui. C'est d'ailleurs pour cette raison qu'il consacre autant d'énergie à devenir spécial ou important, parce que dans sa petite cervelle de hamster, il se dit que lorsqu'on est spécial ou important, il y a toujours quelqu'un pour s'intéresser à soi. Cette croyance est le moteur de sa course, autant que de la souffrance qu'elle entretient. Au lieu d'être effrayé comme autrefois par l'apparition d'une attention qui signifiait qu'on allait servir de repas, l'ego est désormais effrayé par la perspective qu'une attention disparaisse (ou n'apparaisse jamais) et qu'ainsi il meure de n'être pas nourri.

Retenez ça : c'est la peur qui fait faire à notre Pensouillard tout ce boucan dans notre crâne.

C'est bien connu, quand on a peur, on fait du bruit – tous les animaux savent ça (enfin presque tous, car pour les papillons et les serpents, à part un qui sonne, c'est autre chose). L'ego veut montrer qu'il existe, se faire remarquer, donner des signes de son existence pour attirer l'attention (qui vous dit que ce retardataire n'a pas fait exprès d'arriver en retard simplement pour attirer l'attention ?). Il est en perpétuel état d'alerte, essayant de décoder ce qui pourrait lui apporter ou lui faire perdre de l'attention. Il sonde constamment les attitudes, les gestes et les physionomies des autres. Il compare, juge, critique, évalue, attaque, blâme, méprise ou encense, adule, vante, séduit, etc. Il remue tant de choses dans cette tête : ce qui existe et ce qui n'existe pas, ce qui va et ce qui ne va pas, ce qui s'explique et ce qui ne s'explique pas.... Rien d'étonnant à ce que parfois nous n'y comprenions plus rien. Quand on court tout le temps et depuis si longtemps dans une roulette, il est difficile de savoir où ça commence et où ça finit.

Parfois, la peur provoque aussi la paralysie. Nous nous cachons, tentons de nous faire invisibles, puis nous tremblons. Le cœur, lui, se met à tambouriner : beding, bedang. Rien ne peut empêcher le cœur de faire du bruit quand il se cache !

Mais votre Roger à vous, et les amis de votre fils, et votre collègue promu, ce ne sont quand même pas des situations faciles, songez-vous !

Je n'ai jamais dit que c'était facile. Je dis que la cause de votre souffrance, c'est votre ego. Pensouillard ! C'est son discours dans votre tête : « C'est moi qui aurais dû être promu, moi qui ai travaillé fort, moi qui suis exceptionnel ! Quant à Roger, il devrait me respecter davantage. Il n'est pas tout seul sur la planète ! J'en ai fait des choses exceptionnelles, moi aussi ! Et mon fils, n'ai-je pas tout fait pour lui ? »

Ce tapage dans la tête, c'est le moi en pleine action.

Et quand un homme (ou une femme) tue ses enfants, c'est plus que jamais le moi qui est en action, rien d'autre. Il ne s'agit pas ici de refaire des procès ou de condamner un système, mais de comprendre ce qui se passe dans une tête. Un homme apprend que sa femme le trompe et instantanément la mécanique mentale de son ego se met en branle. Pensouillard est blessé, frustré de n'être plus le seul à obtenir l'attention de sa compagne... Il n'est plus unique, exceptionnel, extraordinaire ! Quelqu'un d'autre est plus intéressant que lui. Son moi s'agite. Il a peur d'être abandonné, rejeté et, par conséquent, de cesser d'exister.

Le discours et les images qui meublent alors la tête de cet homme engendrent la sécrétion de toute une panoplie d'hormones dans son sang, des hormones qui régissent le fonctionnement des organes du corps quand il se sent menacé. D'autres images et d'autres mots apparaissent alors dans sa cervelle. Tout ça se fait en boucle.

Pensouillard veut maintenant éliminer ce qui le menace. Frapper là où ça pourrait faire le plus mal. La sécrétion des hormones s'intensifie. La main s'empare d'un couteau. Dans ce geste, il n'y a qu'un ego blessé, apeuré, qui fait s'abattre la main, qui cherche à se débarrasser de sa peur et de sa douleur. Un ego privé de toute forme de conscience. Un ego à l'état pur, alimenté de pensouillures qui défilent à plein régime, sans aucune pensée réfléchie. On peut appeler ça de la maladie mentale.

Je ne veux pas ici me mêler de ce qui ne me regarde pas ni condamner qui que ce soit. Là n'est pas mon intention. Je désire simplement que chacun se rende compte que Pensouillard est à l'œuvre dans sa tête. Il suffit de presque rien pour que sa roue pousse une tête humaine à commettre les pires atrocités.

Quoi faire alors ?

Avant de vous le dire, je dois vous mettre en garde, vous préciser que certains humains préfèrent les sensations générées par l'agitation de Pensouillard (même si c'est de la souffrance) à la joie profonde qu'apporte la paix de l'esprit. Confondant « être excité » avec « être vivant », ils préfèrent n'importe quelle forme d'agitation au silence dans la tête.

Mais vous, en avez-vous assez de tout ce boucan ? De ces « Je cours pour tout le monde, mais personne ne s'en rend compte. Je suis monoparentale, je travaille à temps plein, j'ai deux enfants, un ex qui s'en fout, une mère en Floride, un patron parano, des enfoirés de collègues, des maux de dos et, si ça se trouve, un ulcère d'estomac... Quand est-ce que ça va s'arrêter ? J'ai l'impression de ne vivre que pour les autres... Et moi ? Qui est là pour moi ? Y a-t-il quelqu'un sur cette planète pour voir que j'existe ? Y a-t-il quelque part au monde un hamster compatible avec le mien ? »

En avez-vous assez de ce tapage perpétuel qui ne mène nulle part ? N'avez-vous pas envie qu'il cesse et qu'à la place surgisse un espace pour savourer quelques-unes des innombrables beautés qu'offre la vie ? Le parfum des pivoines ou du café ? La saveur des fraises ou du thé vert ? La texture de la soie ou de l'herbe ? Le chant de la brise ou du merle ? Les couleurs de l'aube ou de la brunante ? Et si vous trouviez des solutions aux problèmes qui apparaissent sur votre route ? Si vous pouviez aider votre fils, donner votre conférence en paix, passer une bonne soirée malgré le discours de Roger ?

Quoi faire pour que Pensouillard se calme ?

Une seule solution : la décroissance personnelle !

2
Petit traité de décroissance personnelle

Il n'y a pas de penseur si vous ne pensez pas.
C'est la pensée qui a créé le penseur.
Jiddu Krishnamurti

Ne vous inquiétez pas, vous ne disparaîtrez pas !

La décroissance personnelle, ce n'est pas l'ego qui disparaît. Votre cher petit moi ne mourra pas ! La décroissance personnelle est la fraction de seconde au cours de laquelle un être humain prend conscience que sa tête est entièrement habitée par un discours ou des images contaminés par l'ego. C'est l'instant où l'attention surprend Pensouillard alors qu'il monte dans sa roue.

Il suffit donc d'une seconde pour décroître. Une seule! C'est la seconde la plus importante de toute votre vie et la plus difficile à conquérir aussi. Grâce à cet instant de conscience, vous cesserez d'être l'esclave de Pensouillard.

Je vais être encore plus clair.

La seconde de décroissance personnelle consiste en un flash, un éclair de conscience qui permet de passer d'une activité mentale essentiellement centrée sur l'ego à une autre qui ne l'est pas du tout. Au cours de cette seconde, l'ego s'efface. La cervelle passe d'une activité mentale du type moi-moi-moi, à une activité mentale dont l'ego est totalement absent. C'est le transfert de l'activité mentale-ego à l'activité mentale-conscience.

Pour arriver à ce passage, vous devrez vous entraîner, je vous l'assure!

Prenons comme exemple l'activité mentale qui essaie d'écrire ce livre (je ne peux pas dire l'auteur ou moi, sinon je vais vous embrouiller!). Elle s'efforce de trouver les mots justes pour faire comprendre comment un esprit humain peut arriver à se faire souffrir et à faire souffrir les autres. Elle a inventé le personnage de Pensouillard, une métaphore un peu ludique, pour rendre ses propos plus faciles à saisir. Elle cherche des exemples concrets: «Vous êtes assis sur la cuvette, vous faites une présentation devant vos employés... » (Pas les deux en même temps, évidemment!) Cette activité mentale peut donc fonctionner de façon très pratico-pratique, sans que l'ego se mette de la partie. Son but: rendre compte d'une réalité difficile pour aider des gens à se sentir mieux.

Or, il suffirait d'un moment d'inattention pour que l'activité mentale égoïque fasse tout basculer. La tête de l'auteur pourrait alors se remplir de: «Ce sera un livre unique, un best-seller qui va faire triper le monde. J'aurai des entrevues à des tas d'émissions, des critiques extraordinaires, des ventes astronomiques. Je deviendrai sûrement riche, on verra mon livre et ma photo dans les vitrines, etc.» Un tel discours intra-crânien serait immédiatement accompagné de sensations agréables déclenchées par la sécrétion des hormones du bien-être, du plaisir. Un instant suffirait, comme après une injection de drogue! Toutefois, ce ne serait que passager.

L'activité mentale égoïque pourrait aussi envisager que les ventes soient nulles, la presse inexistante, ce qui entraînerait un lot de pensouillures: «Personne ne me comprend. Les gens sont bêtes, de vrais idiots. C'est pourtant simple, il me semble ! » Et vlan ! les hormones de l'inconfort.

Il y a donc d'un côté l'activité mentale (une sorte d'activité électrochimique) concernée par le je, me, moi, par Pensouillard et ses pensouillures ; d'un autre côté, il y a l'activité mentale qui n'en a rien à foutre du je, me, moi. La conscience est alors libre d'accueillir ce que les sens perçoivent, libre d'aimer, de donner, d'offrir de la compassion, libre de créer, d'inventer le beau ou l'utile à la vie. La conscience dépourvue d'ego. Cernez-vous bien la distinction ?

L'activité mentale-ego, avec Pensouillard, cherche la croissance personnelle, alors que l'activité mentale-conscience ne cherche rien du tout. Elle apparaît lorsqu'il y a décroissance personnelle, c'est-à-dire après ce déclic qui libère du moi.

Vous avez certainement constaté que l'activité mentale qui écrit ce livre utilise le pronom *je*. Ne vous méprenez pas, elle en est consciente ! Elle tient d'ailleurs à vous le signaler avant que votre Pensouillard n'en fasse la remarque. Tous les Pensouillard aiment faire ce genre de remarque, ils montrent ainsi à quel point ils sont perspicaces et intelligents. Par conséquent, si l'activité mentale qui écrit ce livre utilise le je, c'est strictement à des fins pédagogiques, et non égoïques. Ce n'est pas le Pensouillard de l'auteur qui s'exprime dans ce je, mais sa conscience. Et l'auteur est bien conscient qu'il lui faut entretenir une vigilance permanente, car son Pensouillard est toujours là, derrière un neurone, à vouloir sauter dans la roue. Il sait aussi qu'il est devenu très difficile, en ce monde, de ne pas utiliser le je. Le je est partout. Il a remplacé Dieu dans nos vies.

Bon, résumons : il y a dans la tête des humains une activité mentale concernée par quelque chose qu'on appelle moi. Cette activité mentale-ego tente à tout prix de préserver ce moi et même de le faire croître.

Puis, il y a cette autre activité mentale pas du tout concernée par le moi. On l'appelle l'activité mentale-conscience. Il n'y a pas de moi dedans, mais plutôt ce que les sens perçoivent, les odeurs, les sons, les sensations tactiles, les goûts, etc.

Elle est riche de pensées sans moi, des pensées qui permettent de créer des œuvres d'art, de faire des courses, de planifier des voyages, de dire « Bonjour, comment ça va ? » et d'écouter la réponse. Des pensées qui analysent la qualité de l'eau potable et coordonnent la gestion des déchets. Des pensées qui font des plans pour construire des abris et distribuer des vivres au lendemain d'un tremblement de terre. Mais attention, cette activité mentale-conscience est en tout temps susceptible d'être évincée par l'activité mentale-ego, par Pensouillard et ses pensouillures.

L'éveil

Un mot décrit bien le déclic qui entraîne la décroissance personnelle : l'éveil. L'éveil, c'est le déclic qui permet de dire : « Ça y est, Pensouillard s'énerve dans ma tête. » Comme si tout à coup l'activité mentale-conscience se mettait à observer l'activité mentale-ego, comme si elle venait d'attraper l'ego en flagrant délit d'occupation de la tête.

Elle peut même dire : «Ah ! le petit moi est fâché et triste. Il a l'impression qu'on ne s'occupe pas de lui, le pauvre chéri. Il vient de découvrir que sa femme échange des courriels avec un autre homme et il ne le prend pas ! On va le calmer. » C'est très difficile de faire ça, je le sais ! Il faut beaucoup d'entraînement, et je vais sous peu revenir sur cet entraînement.

Des tas de courants dits « spirituels » accordent beaucoup d'importance à l'éveil, mais là encore, l'ego s'en mêle. Certaines personnes qui se croient spirituelles ont en réalité la tête envahie par le petit moi. Ça ressemble à s'y tromper à des formules magiques du genre : « J'ai le pouvoir de guérir les autres, moi ; j'ai un don ! Je peux communiquer avec les esprits. Je peux vous prédire votre avenir. Je vois les auras et je peux vous décrire avant de vous connaître ! »

En tant que médecin, il m'est arrivé de voir des personnes mourir après s'être fait soigner par des guérisseurs à la petite semaine. Peut-être auraient-elles pu survivre, mais elles avaient rencontré quelqu'un « d'unique » qui, par la seule imposition des mains, pouvait faire disparaître le cancer ! Wow ! Malheureusement, elles n'ont pas vu Pensouillard à l'œuvre derrière ces mains. Chaque fois qu'un gourou exploite des personnes vulnérables, extorque de l'argent à des pauvres ou invite ses disciples à le suivre dans la mort, c'est Pensouillard qu'il invite à suivre... Sa pseudo-spiritualité n'est qu'une voie empruntée par Pensouillard pour apprivoiser sa peur de mourir. Les gourous vont jusqu'à s'enlever la vie pour qu'on se souvienne d'eux. Toute une manière de demeurer immortel !

L'éveil n'a rien à voir avec de telles stupidités. L'éveil est la conscience en état de vigilance permanente, à l'affût du hamster. Tel un chasseur, elle observe Pensouillard et le traque (c'est la seule bête dont il ne faut pas craindre l'extinction !). Le chasseur qui traque le hamster maintient la paix dans la tête.

L'inquiétude vous gagne, non ? Mais comment fait-on ça, la décrois-sance ? Ne vous inquiétez pas, je vais vous l'expliquer.

Commençons tout de suite à décroître (nous n'avons pas de temps à perdre !)

On fait l'apologie de la croissance personnelle en ce monde. Vous n'avez qu'à lire les journaux. Tous les jours, on y vante les mérites de ceux qui ont réussi : sportifs, artistes, gens d'affaires... On vous dit que vous pouvez aussi atteindre des sommets. Erreur ! Cette erreur de croire que le bonheur réside dans la croissance personnelle est à l'origine de toutes les autres. Les humains ne se sont pas encore rendu compte que ce qu'ils voulaient faire croître, c'était leur ego, ce hamster dans leur tête.

Hey ! les cocos, il est dans une roue, le hamster ! Et cette roue ne le mène nulle part !

Voilà pourquoi la croissance personnelle est un mythe, pire encore, une dangereuse illusion, qui vous fait sentir mal. Les statistiques allant dans ce sens abondent : vous êtes de plus en plus nombreux à être déprimés, anxieux, insomniaques et à gober des tonnes de pilules, uniquement à cause du bruit incessant que fait Pensouillard ! Or, plus il court, plus il y a de tapage dans votre tête ! Et plus il y a du tapage, plus c'est souffrant.

Une autre illusion est de croire qu'en obtenant tout ce que vous voulez dans la vie, la roue s'arrête de tourner dans votre crâne. Oh que non ! Plus vous *aurez*, plus vous *voudrez*, ainsi va la vie. Comment croyez-vous que vivent les vedettes, les milliardaires ou les icônes de beauté ? Dans un flot de pensouillures continu, qui les pousse à rechercher encore plus, toujours plus !

Nous vivons dans un monde malade du moi. Un monde fou de Pensouillard !

Alors, à quoi peut bien servir la décroissance personnelle ?

Décroître, c'est renouer avec des choses simples de la vie, l'esprit tranquille – comme retrouver facilement sa voiture dans un grand stationnement, écrire de la poésie, soigner des malades, réparer des routes endommagées, éduquer ses enfants, bref, profiter pleinement de la vie ! La liste de ces satisfactions est infinie et aussi variée que vous le voulez. Le bonheur peut être dans un tas de choses, pourvu que vous vous consacriez à ce que vous faites. Personne ne vous demande de renoncer. La décroissance personnelle n'est pas une forme d'abnégation, c'est devenir intelligent.

C'est quand la pensée est à l'œuvre, tout en étant dénuée de l'ego, qu'elle est utile. C'est quand s'immobilise Pensouillard (soit votre ego, mais vous aviez compris) et que votre tête peut chercher votre voiture dans un parc de stationnement sans s'affoler. La pensée, pendant que la mémoire cherche, n'est nullement imprégnée du besoin qu'a l'ego de se distinguer, de se faire remarquer. Elle n'est centrée que sur les diverses options : Au premier étage ? Hum !... au deuxième peut-être ? Au troisième ?

Dès que le hamster en vous commence à s'en vouloir d'avoir oublié où vous l'avez foutue, votre auto, tout dérape : « Où est-ce que je l'ai laissée, merde ? Qu'est-ce que je peux être crétin parfois ! »

Que faire quand les pensouillures se succèdent ? Ouvrir une fenêtre de lucidité et voir que Pensouillard vous mène par le bout du nez. Pour devenir capable de faire ça, il faut vous entraîner, faire des exercices. Ça s'apprend, croyez-moi ! Voici donc un premier exercice de décroissance personnelle.

Exercice

Se concentrer sur sa respiration est un exercice qui convient aux situations problématiques plutôt bénignes, quand vous vous énervez pour des peccadilles (par exemple, si vous arrivez sur le quai du métro au moment où les portes du wagon se ferment). La première chose à faire est de vous immobiliser et de placer votre attention sur votre respiration. Avec ce geste très simple (enfin, qui peut paraître très simple) s'amorce la décroissance de votre petit moi.

Reprenons donc la recherche de votre voiture dans le parking, mais dans une version dépourvue d'ego.

Imaginez. Le calme règne autour de vous. Aucun bruit. Quelques odeurs d'huile à moteur et d'humidité. Une lumière plutôt douce. La tranquillité, en somme. C'est pourtant la cavalcade dans votre crâne : « Va-t-il falloir que je me tape les dix étages de long en large ? Qu'est-ce que je peux être épais, bordel ! »

Pas de doute, Pensouillard tire les ficelles, plusieurs neurones à la fois. En êtes-vous conscient ? Appuyez votre dos contre un mur, fermez les yeux et placez votre attention sur le souffle qui vous maintient en vie. Vous pouvez même compter : inspiration – cinq secondes ; pause

– cinq secondes ; expiration – cinq secondes… RESPIREZ ! Gonflez toujours l'abdomen à l'inspiration pour étirer le diaphragme. Ce geste stimule un nerf qui s'appelle le pneumogastrique. Il envoie un signal au cerveau lui intimant l'ordre de stopper la sécrétion des hormones du stress. ÇA S'ARRÊTE ! CLAC !

Tout doucement, revenez à la pensée sans ego dedans, comme ceci : « Voyons voir. Hum ! je suis arrivé à 19 h par la porte du côté ouest… Aucune place au rez-de-chaussée… Mouvement vers le premier étage… Puis le deuxième… C'est ça, je me suis garé au deuxième étage ! » Il s'agit d'une séquence de pensées sans précipitation, sans jugement, sans mépris pour vous-même ou pour les concepteurs du parking, autrement dit sans ego. Devant votre voiture retrouvée, vous devriez même éprouver l'envie de sourire…

Ce genre d'exercice exige de la discipline, mais quel bien il va vous faire !

Entraînez-vous à respirer, tout de suite, là, maintenant. Prenez quelques minutes pour vous exercer. Quand le moment viendra de faire appel à cette technique, vous serez prêt. Ne mettez aucun effort, laissez-vous juste guider par le rythme de votre respiration.

Petite parenthèse ici : le mot discipline provient du latin discere, qui signifie apprendre, mais, fait intéressant, ce genre de discipline n'exige aucun effort. Paradoxal ? Non, puisque l'activité neuronale qui consiste à observer Pensouillard tient d'une certaine forme d'ascèse mais pas n'importe laquelle : une ascèse libre d'effort ! En effet, s'il y a le moindre effort, cela signifie que votre gros ego imbibe à nouveau vos pensées, comme dans : « Bon, bon, bon ! Je dois maintenant m'observer sans effort, mais qu'est-ce que cette connerie ? » Cher ami lecteur, s'observer sans effort, ça veut dire ce que ça veut dire : ne fournir aucun effort ! Une ascèse douce !

Reprenons. Placez votre attention sur votre respiration au moment où le déclic de conscience se fait, c'est-à-dire dès qu'il y a constatation que c'est l'ego qui, dans son énervement, s'est emparé de toute la tête. À l'instant où vous aurez compris qu'il y a deux types d'activités mentales – celle avec l'ego et celle dépourvue d'ego –, il ne vous restera plus qu'à jouer avec votre attention pour passer de l'une à l'autre. La décroissance personnelle s'effectuera alors sans douleur.

Tout cela est peut-être nouveau pour vous, et donc passablement difficile à mettre à exécution. Pour vous aider à y voir plus clair, regardons la décroissance personnelle s'effectuer au ralenti.

La décroissance personnelle au ralenti

Parce que la décroissance personnelle peut s'effectuer très rapidement, en l'espace de quelques secondes à peine, je vais vous la montrer au ralenti, un peu comme à la télévision ou au cinéma. Vous savez, ce genre de séquence au cours de laquelle un joueur de hockey reçoit un coup de coude en plein visage, et qu'on vous repasse d'innombrables fois au super ralenti juste pour que vous soyez sûr que c'est bien le coude et non l'épaule qui a détruit la carrière de l'athlète. Ce genre de séquence excite habituellement Pensouillard, qui s'identifie au joueur de hockey. Votre petit moi réagit comme s'il avait lui-même reçu le coude dans la mâchoire ! Pensouillard se lamente d'avoir subi une commotion cérébrale... Et soudainement, devant votre téléviseur, tout votre corps est prêt à se battre : les muscles, le cœur, tout ! Plus la scène se déroule lentement à l'écran, plus ça va vite dans votre crâne : « Le salaud ! Incroyable ! J'espère qu'on va le pendre par les couilles, c'est tout ce qu'il mérite. » La roulette ressemble aux hélices d'un avion en plein vol. Votre ego se déploie dans votre cervelle comme un sac gonflable au moment d'un accident.

Revenons à votre tête pour découper la décroissance personnelle en trois séquences, arrêter le film à trois reprises en quelque sorte.

Voici **4 exemples de décroissance personnelle** vécue au ralenti.

1. Le joueur de hockey

1re séquence. Vous êtes étendu sur le canapé, la main gauche dans un plat de pop-corn et la droite autour d'une bière. Le grand crétin de l'équipe adverse vient tout juste de mettre en échec votre recrue préférée. Un coup violent, asséné à haute vitesse. Votre joueur est étendu sur la patinoire et ne bouge plus. Pensouillard est dans tous ses états ! La roue tourne à la manière d'une scie ronde et les mots jaillissent comme du bran de scie : « L'écœurant ! Il ne sait rien faire d'autre. Un quotient de limace dans une cervelle de ver de terre ! » Vous êtes maintenant debout. Le pop-corn se mélange à la bière sur le canapé. Vous avez les poings serrés et la respiration haletante. Votre ego veut faire justice, il veut lyncher la brute qui menace sa source d'identification, sa vedette. Sans vedette à qui s'identifier, Pensouillard tombe dans le vide. Il a l'impression d'être nul ou moins que rien. S'il ne peut plus se raconter de belles histoires de victoires ou de conquêtes au cours desquelles il reçoit des tonnes d'attention, il a l'impression de ne plus exister.

2ᵉ séquence. Vous vous êtes entraîné, tous les jours depuis quelques mois, à devenir conscient (je vous montre comment faire dans quelques pages). Alors, pendant que Pensouillard s'énerve dans votre tête, un déclic se produit, l'éclair de conscience qui va enclencher la décroissance personnelle. L'activité mentale-ego n'est tout à coup plus la seule à contrôler votre biologie; une autre forme d'activité mentale se met en marche, l'activité mentale-conscience. Vous vous asseyez et placez votre attention sur votre respiration, sur les sensations qu'éprouve votre corps. Mais le petit moi ne veut pas s'en laisser imposer! Il revient immédiatement à la charge. Il résiste, se débat. Il reprend ses droits dans les locaux de votre crâne, comme s'il y faisait un *sit-in*. Puis, le déclic se produit à nouveau. L'activité mentale-conscience entoure Pensouillard, elle va prendre le dessus sur lui. Quelques mots se font entendre : « Du calme, là-haut... Il y a le petit moi qui s'énerve, là, entre les neurones, et tout le corps est prêt à sauter sur la patinoire! Ramenons l'attention sur le souffle, sur la sensation des poings fermés, des dents serrées... »

3ᵉ séquence. Le déclic se produit. Peu à peu, le petit moi se retire. La tête est désormais occupée par la sensation du contact de vos pieds avec le sol, de vos cuisses sur le cuir, de votre dos sur le coussin. Vous observez les pensées assassines et les trouvez de plus en plus ridicules. Vous en voyez l'origine, cette source d'identification qui ne tient à rien de solide. Du superficiel seulement, un divertissement. C'est ce divertissement qui a fait grossir votre petit moi depuis l'arrivée de *votre* recrue-vedette dans *votre* équipe de hockey. Vous sentez maintenant s'effectuer le passage de l'activité mentale-ego à l'activité mentale-conscience. La paix prend la forme de vagues très douces dans vos épaules, dans tout votre corps. Votre petit moi disparaît peu à peu, mais ça n'a aucune importance, puisqu'un profond bien-être vous envahit. Fini les « mon équipe », « mon joueur », « mon match »...

2. Le concierge

1re **séquence.** Vous êtes responsable de l'entretien dans une école. Il est 16 h, c'est la fin de votre journée de travail. Dans votre tête, Pensouillard est en pleine virée, comme si toutes ces heures passées à faire du ménage avaient sur lui l'effet d'une boisson énergisante : « De toute façon, je ne suis rien, moi, ici. Je fais un métier de minable. Une vie de merde. J'avais pourtant du talent, mais bon, il est trop tard maintenant. La seule expertise que j'ai, c'est celle du lavage des planchers. Et ça, personne ne s'en rend compte. » Les os de votre corps sont lourds, comme si on y avait coulé du béton. Vous ne traînez plus vos pieds, vous les halez. Le petit moi a monopolisé toute votre énergie. Vous ressentez de la souffrance, comme une angoisse qui se serait jetée sur votre chair.

2ᵉ séquence. Soudainement, un déclic se produit. L'activité mentale-conscience embarque et, en superhéros, elle freine la roue (pourvu que vous vous soyez entraîné). D'autres mots se superposent à ceux du petit moi : « Oups, Pensouillard occupe toute ma tête et ça fait mal partout. Il y a cette lourdeur dans ma poitrine, ces serrements dans mon crâne mais, curieusement, leur intensité diminue. C'est comme s'il était maintenant possible de les observer à distance, ils n'ont plus le même effet. » Le déclic vient de s'amorcer. Le processus de décroissance personnelle débute. Vous entreprenez alors de jouer avec votre attention. Vous la placez d'abord sur votre respiration pendant quelques secondes, puis sur les sensations qui parcourent votre corps, sur la souffrance physique que génère l'activité de Pensouillard, sans analyser, sans porter de jugement. Peut-être pouvez-vous même décrire vos malaises : « Il y a une contraction là, à la hauteur de l'estomac, et comme une brûlure dans la gorge. » Vous portez alors votre attention sur les pensées. C'est plus difficile à faire. « C'est quoi, ce mépris pour mon travail ? Cette autoflagellation ? Où est-ce que ça mène ? »

3ᵉ séquence. La décroissance personnelle est presque achevée. L'activité mentale-conscience occupe maintenant tout l'intérieur de votre crâne. Vous amenez tranquillement votre attention sur les détails de votre travail. Vous regardez le plancher que vous finissez de laver. Votre tête est occupée par la disparition des saletés, par l'apparition de l'éclat, par l'odeur de propreté. Un sentiment de plénitude envahit votre corps. Le mot *satisfaction* décrit bien cette sensation. Et ce n'est pas le petit moi qui se trouve bon, c'est seulement la conscience du travail bien fait. L'activité mentale-conscience est concentrée sur la contribution au bien commun, sur le bien-être des jeunes qui fréquentent l'école où vous travaillez. La décroissance personnelle est terminée. La souffrance s'est apaisée.

3. Avoir 83 ans

1re séquence. Vous vivez seul. Vos enfants et vos petits-enfants sont tous très occupés. C'est la modernité qui veut ça, avec le besoin d'avoir plus, toujours plus. Ils vous téléphonent de temps à autre. Ils vous envoient même des courriels! Ils vous disent qu'ils vous aiment, qu'ils pensent à vous. Et vous vous le répétez régulièrement. Pensouillard lance même des: « Je dois comprendre. Il faut bien qu'ils gagnent leur vie. Ils ont leur téléviseur à écran plat à payer. Et leur condo en Floride. Et leurs voyages en Asie. Tout ça est très cher aujourd'hui! »

D'un même élan, Pensouillard ajoute: « Mais moi, que me reste-t-il? Je ne sers plus à rien, même pas à les prendre dans mes bras. Ils n'ont plus besoin de mes conseils, de mon expérience. Ils ne me posent plus de questions, à part me demander comment je vais. Je suis fini, ça ne vaut plus la peine... » Votre petit moi est en pleine déprime. Il n'a plus d'identité à laquelle se raccrocher. Plus de rôle de père, de grand-père, de conjoint. Plus de rôle du tout! Il a l'impression d'être déjà mort. Il se dit qu'aucune forme d'attention n'est plus disponible pour lui, et plus il se le dit, plus il se sent malheureux.

2ᵉ séquence. Puisqu'il n'est jamais trop tard, vous avez commencé à travailler à la décroissance personnelle, il y a 3 ans, à 80 ans. Tout à coup, le déclic se fait! L'étincelle de conscience apparaît: « Oups! j'ai le gros ego qui fait son tapage. Ça court là-dedans, ça fait du bruit! Une vraie discothèque! » Vous réalisez que vous devez diriger votre attention vers votre respiration (ou vers la lumière qui entre par la fenêtre), mais c'est difficile. Le petit moi ne lâche pas! Il reprend: « Ça ne serait pas comme ça si j'étais né à une autre époque! Il y aurait autour de moi de l'amour, de l'affection! Toute une vie de sacrifices pour des enfants ingrats. » Par chance, trois années d'entraînement permettent à l'activité mentale-conscience de demeurer présente. Comme un coureur des bois dont les sens seraient en état d'alerte, elle observe le hamster dans sa roulette: «Ah! cette petite bête! Comme elle est agitée aujourd'hui! Il court, ce petit moi, il s'énerve dans l'espoir de se faire flatter un peu... Tant d'agitation pour rien! Personne ne le voit, personne ne l'entend, personne ne le sent.»

3e séquence. L'activité mentale-conscience replace l'attention sur la respiration. Ou sur la lumière qui entre par la fenêtre. La course de Pensouillard ralentit. L'activité mentale-conscience prend de plus en plus de place. La sensation du souffle qui frôle vos narines occupe maintenant l'intérieur de votre tête. Vous vous rendez alors compte qu'une œuvre musicale joue dans la pièce. Une cantate de Bach que vous adorez. Vous ne l'entendiez pourtant plus, le tapage de Pensouillard l'avait remplacée. La musique reprend doucement sa place et glisse maintenant sur vos neurones. Vous portez à vos lèvres la tasse de thé vert que vous aviez préparée. Vous fermez les yeux pour savourer pleinement le goût de cette boisson que vous adorez. Un bien-être vous envahit. La décroissance personnelle est terminée. Il n'y a plus que la conscience, la pleine conscience.

4. L'auteur de ce livre

Je voudrais maintenant décortiquer pour vous l'entraînement que je fais depuis plusieurs années. Si j'ai décidé d'en parler, c'est que je sais que ça marche. Je jouis des résultats, c'est-à-dire de cette paix qu'il est possible de trouver en quelques instants à peine, même dans la pire des tourmentes. Il suffit de passer de l'activité mentale-ego à l'activité mentale-conscience, je vous assure. Mais ça m'a pris plusieurs années d'entraînement pour y arriver, pour déclencher ce déclic, produire cette étincelle de conscience qui permet de démarrer le processus de décroissance personnelle. Certains êtres humains y arrivent plus facilement, je vous le souhaite, mais en ce qui me concerne, ç'a été tout un apprentissage! Au surplus, ce n'est jamais vraiment acquis: le petit moi revient constamment à la charge. Il s'agrippe, plante ses crocs, tire la conscience vers l'arrière. Mais il n'est plus seul maintenant: la cavalerie de la conscience accourt dès que Pensouillard envahit la cervelle.

Pour bien décrire cet entraînement, je vais maintenir l'utilisation du ralenti.

1re **séquence.** Ce que je vais décrire m'arrive souvent. Je viens tout juste de me réveiller. Je ne me sens pas bien. Une sorte d'angoisse. Je viens pourtant tout juste d'ouvrir les yeux. Je n'ai rien fait encore. Je suis toujours au lit, mais la lourdeur est bien là, dans la poitrine. Pensouillard, lui, ne dort pas. Il a même couru une partie de la nuit. Je ne me sens vraiment pas bien, mais je ne me suis pas encore rendu compte que c'est à cause de Pensouillard, de ce petit moi qui a commencé à se faire des discours dans ma tête. Ce n'est que lorsque je décide (ou, plutôt, que l'activité mentale-conscience décide) de faire mes exercices matinaux que je le réalise.

2e séquence. Comme tous les matins depuis plusieurs années, j'amorce mon entraînement. La sensation désagréable – cette lourdeur – est toujours là, dans ma poitrine. Je n'ai vraiment aucune envie de faire les exercices. Comme disent les enfants : « Ça ne me tente pas ! » Mais la discipline est au rendez-vous, alors, allons-y !

Je m'allonge sur le dos. Je place ma tête dans une position bien droite. Mes bras sont étendus de chaque côté du corps. Mes paumes sont dirigées vers le plafond. Dans certaines formes de yoga, cette position s'appelle la « position du cadavre » (en voilà un, tiens, le cadavre, qui ne ressent plus d'angoisse ni de stress !). Je place mon attention sur ma respiration. Tout à coup, je réalise clairement à quel point Pensouillard est actif, il émet des plaintes du genre : « Ah ! je n'ai pas le goût de me lever ce matin ! Il fait froid dehors, j'en suis sûr. Il a neigé toute la nuit, ça va être l'enfer sur les routes. Et cette conférence à donner, ça me pèse. Je vais me planter. Un auditoire essentiellement masculin, le plus difficile qui soit. » Je ramène alors mon attention sur le souffle. Sur les sensations corporelles aussi. Le contact de mon corps avec le matelas, de ma tête avec l'oreiller. Peu à peu l'activité mentale-ego diminue, comme si elle relâchait son emprise sur ma neurologie, pour faire place uniquement aux sensations qu'éprouve mon corps. L'angoisse se dissout tout doucement. Une paix m'envahit. Ce n'est plus le pauvre petit moi qui règle mon état, cet ego qui, avant même que je sois sorti du lit, éprouve déjà la peur de ne pas recevoir l'attention qu'il croit mériter. Pensouillard se désintègre. Ne reste que la conscience prête à passer à l'action grâce aux pensées sans ego dedans.

3e séquence. L'activité mentale-conscience occupe maintenant toute la place. Uniquement les sensations dans ma tête : le souffle, la douceur des draps, le silence dans la pièce. Et les pensées dépourvues d'ego prennent leur envol : l'organisation de la conférence, le plan, la séquence à suivre, les propos à tenir. C'est comme une douce répétition. La structure de la présentation est là, tout entière, et ça se tient. Quelques blagues également. La décroissance personnelle est terminée. Allez, hop ! debout Serge ! Aux exercices physiques maintenant : étirements, redressements assis, bicyclette stationnaire (qui ne va nulle part, comme le hamster dans sa roulette !). Tout ça se fait dans une grande paix. Le petit moi fatigant s'est tu. Il ne reste que les sensations dans la tête. Et quelques pensées libérées de l'emprise du moi !

Et vous, à l'instant même, pendant que vous lisez ces mots, comment vous sentez-vous ?

Prenez-en conscience ! L'entraînement doit commencer tout de suite. Il ne faut pas attendre d'avoir le temps. Toujours en pleine croissance personnelle, motivé par sa quête de vous faire souffrir, le petit moi ne manque jamais de temps, lui.

Occupons-nous de vous maintenant.

3

La décroissance personnelle : marche à suivre

En prenant conscience de vos pensées, vous serez surpris de voir ce qui se passe à l'intérieur de vous-même. Si vous écrivez tout ce qui vous passe par la tête, vous allez être très surpris ! Vous n'y croirez pas.
Osho

Avant même de nous aventurer plus loin, nous devons vérifier si, en ce moment, Pensouillard court entre vos neurones. Là, tout de suite, est-ce qu'il y fait du bruit ?

Étape n° 1 :
Écouter et reconnaître le bruit de son hamster

Votre tête est-elle envahie par des : « Mais de quoi parle-t-il ? Il s'en va où avec sa roulette ? Il se prend pour qui, lui ? Quelle prétention ! Et la décroissance personnelle, c'est quoi cette foutaise ? Comment pourrait-on vivre sans ego ? Il en faut bien un ego, merde ! Que serais-je sans moi ? J'ai un corps, une histoire, une culture, une langue, un âge, un sexe, une nationalité ; c'est moi, tout ça ! Comment peut-on faire disparaître tout ça en quelques secondes ? Et pourquoi ? Pourquoi cesser d'être unique ? Ne devrait-on pas plutôt tout faire pour l'être davantage ? Pour protéger cette unicité ? Moi, je vais continuer à militer en faveur de la croissance personnelle ! Et qu'il aille au diable, ce docteur ! »

Allez, entendez-vous ce tapage ? Voyez-vous la rotation de la roue ?

Pouvez-vous observer les jugements, ce défilé des pensouillures, pendant qu'ils déferlent ? Constatez calmement : « Oh, là, là ! c'est tout plein de jugements dans ce crâne ! » Voyez la différence entre une tête habitée par des « C'est quoi cette foutaise ? » ou « Il se prend pour qui, lui ? » et une tête habitée par des « Oups ! ça court là-dedans ! Pour aller où ? ». Il ne s'agit pas de perdre ou de garder une unicité, mais d'observer son discours intérieur. Simplement regarder, observer les pensouillures générées par la peur de ne plus exister.

Si vous êtes en mesure de faire ça, bravo ! Vous avez franchi la première étape.

En revanche, si ça continue à bourdonner dans votre tête, si vous êtes incapable de prendre un peu de recul par rapport au boucan que fait Pensouillard et que vous n'avez qu'une envie, celle de m'envoyer promener, soyez patient, il y a de l'espoir dans les pages qui suivent.

Étape n° 2 :
Observer, pour que l'ego cesse de fourrer son nez partout

Toujours envie d'apprendre à calmer Pensouillard ? Bien. Pour y arriver, vous devez d'abord découvrir une vérité cardinale : vous n'êtes pas un hamster ! En d'autres mots, cessez de vous identifier à lui, ce qui est bien plus simple que vous ne le pensez.

J'espère que vous êtes maintenant convaincu que c'est Pensouillard qui débite des idioties. Quand il se tait et que le silence apparaît, les idioties s'évanouissent. Mais idioties ou pas, pour trouver la paix de l'esprit, il est d'abord nécessaire de reconnaître le bruit infernal que l'invisible rongeur produit dans vos circuits. Pour y arriver, vous devez habiter cet espace d'où vous pouvez dire : « Oui, c'est vrai, il y a ce tapage, là, dans ma tête, cette bête qui n'arrête à peu près jamais... Je l'entends, la salope ! » (Bon, ça, ce n'est pas obligé !) Si vous parvenez à faire cette petite « stepette » de conscience – pas dans une semaine, pas dans un an, mais tout de suite –, vous aurez franchi un grand pas. Et pas nécessairement au pas de course !

Puis, il faut maintenir cette observation vivante. Ne pas laisser la conscience se faire tasser par le mouvement de la roue. Au début, c'est difficile. Une seule rotation suffit pour que Pensouillard reprenne toute la place. Par exemple, au boulot, devant la cafetière, votre regard croise celui d'une recrue et, bing, votre Pensouillard démarre : « Il me fait suer, le p'tit nouveau, avec ses airs de Monsieur-je-sais-tout ! » Ou encore, à la soirée d'anniversaire de votre meilleure amie : « Elle est si belle dans sa petite robe noire ! De quoi ai-je l'air, moi, avec mes chiffons ? » Les pensouillures monopolisent la cervelle en un clin d'œil. Et votre existence se déroule désormais dans une cage à hamster, entre angoisse et culpabilité, entre déprime et hostilité.

Si vous voulez garder toute votre tête, vous devez apprendre à observer la bête. La regarder s'agiter dans tous les sens sans vous faire happer par sa course. Il y a un truc infaillible pour y arriver : RESPIRER PAR LE NEZ !

Étape n° 3 :
Apprendre à respirer par le nez

S'il y a un truc aussi infaillible que capital dans cette marche à suivre, c'est bien celui-là. La sagesse populaire l'a traduit par la fameuse expression « Respire par le nez ». Or, Pensouillard se considère très au-dessus de la sagesse populaire. Comme si quelque chose d'aussi banal que de placer son attention sur sa respiration pouvait l'arrêter, lui, le génie de la roulette !

La respiration est pourtant cruciale. Il s'agit de sentir l'air qui traverse ses narines et gonfle son abdomen – le sentir, vraiment. N'éprouver que cette sensation dans sa conscience, rien d'autre. Je vous préviens, avant que vous essayiez : Pensouillard n'aimera pas se faire évincer de la sorte. Il repartira de plus belle…

Pour le faire taire, demeurez vigilant, à chaque instant, et avec le sourire. « Tiens, c'est reparti ! Encore des pensouillures ! » En les voyant ainsi, elles n'auront plus le même impact, elles perdront de leur pouvoir, s'évaporeront peu à peu. Pfft ! vo-la-ti-li-sé, le babillage intérieur. Ne reste alors que la conscience. L'activité mentale sans le petit moi. C'est extraordinaire de pouvoir regarder le gros ego qui s'emballe, mais de ne plus en souffrir !

Quand vous arrivez à garder toute votre attention sur le souffle et à observer le pensouillage, c'est comme si, dans votre tête, l'activité mentale-ego venait d'être débranchée, et qu'à la place, l'activité mentale-conscience avait pris le relais.

D'heureux résultats

Prenons une autre situation anodine. Pas un grand drame, mais une situation du genre de celles qui vous emm… au quotidien.

Vous êtes dans la file d'attente au supermarché. Vous êtes presque rendu à la caisse quand la gérante vient prendre un dépôt. Pire encore, le client qui vous précède sort sa liasse de billets de loterie pour faire vérifier s'il n'est pas devenu millionnaire. Le top : le lecteur de codes-barres flanche sous votre nez. Alors là ! Pensouillard décoche ses phrases fétiches : « Pourquoi est-ce toujours à moi que ces choses arrivent ? Hein ? POURQUOI MOI ? On dirait que la vie m'en veut, bordel ! Caissière, tu parles d'une vie, toi ! Faut dire qu'avec le QI qu'elle a... Et l'autre avec ses tickets de loto, à l'heure de pointe ! Il ne faut rien avoir à faire dans la vie, merde ! Et ce foutu bidule électronique, c'est censé être infaillible, non ? »

Avez-vous remarqué que toutes ces phrases tournent autour de moi : moi le client roi, si important, au-dessus des autres ; moi l'unique, qui ne peux pas attendre... Résultat ? Vous ressentez de la tension, de l'irritation, de la colère, bref, le bruit de votre manège égoïque.

C'est à ce moment précis (un peu avant pour les plus doués d'entre vous, ça viendra) que doit apparaître le petit *pop* de conscience salvateur et que vous devez vous mettre à respirer par le nez, à jouer avec votre attention. « Oups ! Pensouillard fait des triples sauts dans sa roue. Respire... »

Du coup, vous pouvez stopper la course de l'animal et reprendre forme humaine. Ne vous contentez surtout pas de lire ce que je vous propose, de grâce, mettez-le en pratique. Tout de suite! Et surtout, ne me remerciez pas, même si ça marche!

Si vous avez encore un doute quant à l'utilité de cette démarche, voyez l'ego comme un parasite de vos pensées. Imaginez-le : un parasite suceur de sang, dont vous ne voulez plus. De la vraie vermine! Préférez-vous vivre avec ou sans lui?

Imaginez aussi Pensouillard plein de poux. Dégoûtant, non? Douloureux en plus... Lorsque vous aurez bien vu votre cher petit hamster se gratter jusqu'au sang et que vous en aurez assez que ça fasse mal dans votre tête, vous placerez enfin votre attention sur diverses manifestations de la vie : la lumière érotique d'une fin d'après-midi; la danse enivrante de la pluie sur les toits; la poudre d'or sur la peau des arbres à l'aube et mille autres beautés qu'offre le monde non pollué par l'ego humain.

Et si vous arrivez vraiment à placer votre attention sur toute cette beauté, lui, le moi – le moi, moi, moi –, ce hamster-bourreau, se calmera enfin.

Enfin libéré de son emprise, vous n'aurez alors plus besoin qu'on vous considère, qu'on vous remarque, qu'on vous aime, qu'on vous reconnaisse, qu'on fasse attention à vous, qu'on dise que vous êtes belle, beau, brillante ou intelligent. Vous ne vous battrez plus pour que votre point de vue prévale. Peu vous importera que votre équipe favorite ait gagné ou perdu, que votre parti politique ait été élu ou non. Vous ne chercherez plus le bonheur dans une promotion, une nomination ou une augmentation de salaire. Vous saurez que, de toute façon, rien de cela ne dure... La majorité des problèmes qui vous torturent deviendront des banalités, des peccadilles. Même l'idée de votre propre mort ne vous rendra plus malade, puisque Pensouillard ne sera plus là pour en faire l'objet d'une obsession.

Les pensées qui apparaîtront dans votre crâne ne serviront qu'à une chose : vous faciliter la vie. Elles agiront comme les instruments d'un tableau de bord, pour vous indiquer ce qui va et ne va pas, et vous guider vers ce qu'il faut faire quand un véritable problème apparaît, comme le toit de la maison qui coule ! Au lieu d'avoir une tête mobilisée par l'ego : « Comment se fait-il que ce soit toujours à moi que ces choses arrivent ? », votre tête sera habitée par des pensées sans ego dedans : « Il n'y a pas mort d'homme. Mon ami Jean pourra m'aider, je vais l'appeler immédiatement. » **Faites preuve de détachement.**

Libérées de cet ego qui englue, les pensées ne vous feront plus jamais souffrir. Elles vous guideront même sur le chemin de la décroissance personnelle, sur une route où l'ego ne fourre pas son nez partout et cède sa place à la pleine conscience, comme on le ferait pour une dame âgée dans le bus.

PAUSE-CONSCIENCE
Où n'est pas Pensouillard (le parasite !) ?

Je sais que vous avez travaillé fort ! Il est temps de faire une pause. Voici un petit quiz très simple qui vous aidera à vérifier vos nouveaux acquis.

Pouvez-vous identifier les pensouillures qui se sont glissées dans les énoncés suivants ?

1. **a)** « Oups ! il est 17 h 45 et ce DVD doit être rendu avant 18 h. Allons-y ! »

   b) « Qu'est-ce que ça m'emmerde de retourner au club vidéo ! Je n'ai pas que ça à faire, moi ! Et je ne suis pas le seul, dans cette maison, à l'avoir vu, ce film ! Pourquoi est-ce toujours moi qui me tape toujours tout ? »

2. a) « Il faut prendre la prochaine sortie. »

   b) « Tasse-toi, mon oncle ! Tu me bloques la sortie ! Tu ne pourrais pas avoir un peu de respect pour ceux qui savent conduire ? »

3. a) « Il faudrait mieux déblayer l'entrée avant que la neige durcisse. »

   b) « Maudit pays ! Quelle malchance d'être né ici ! »

4. a) « Tu ne comprendras jamais rien à la plomberie ! »

   b) « Je te l'ai dit au moins cinq fois qu'il fallait réparer ce tuyau. Tu ne m'écoutes jamais ! »

Vous avez certainement remarqué que le numéro 4 était une attrape ! Il ne contient en effet aucune pensée dépourvue d'ego. En revanche, si vous avez choisi les deuxièmes affirmations pour les numéros 1, 2 et 3, vous avez saisi le principe. Bravo !

À peu près toutes les pensées sont alors infestées par l'ego. N'oubliez pas, Pensouillard n'a qu'un but dans chacune des deux têtes : gagner la course ! Une discussion sur la politique illustre cela. Imaginez deux amis aux convictions différentes. Ça commence doucement :

« Je pense que les démocrates vont changer le monde ! »

– T'es pas sérieux! Ce sont des rêveurs. Ils n'ont pas les pieds sur terre. De grands parleurs et de petits faiseurs!

– Attention, ils ont un programme très réaliste, axé sur l'économie. Leur plan est détaillé et disponible sur Internet pour quiconque veut le consulter. Je suis même prêt à leur donner un coup de main. Bénévolement!

– T'es complètement dingue! Tu vas perdre ton temps! Ce sont des idéalistes complètement déconnectés. Crois-moi, il faut revenir aux bonnes vieilles méthodes et se débarrasser des parasites. À la guerre comme à la guerre! »

Vous avez vu comme le petit moi envahit chaque pensée. On défend son opinion comme s'il s'agissait de sa propre chair! Même le corps réagit, avec la pétarade cardiaque et tout le reste, comme si on subissait une agression, alors que c'est son opinion seule qui est attaquée. Rien que son opinion!

La solution? Constater que, contrairement à ce que vous croyez, vous *n'êtes pas* votre opinion. Même si cette opinion est juste, elle n'est toujours pas vous. Votre chère petite cervelle, qui se croit tellement brillante, peut-elle comprendre ça?

Prenez cinq minutes. Placez votre montre devant vous et répétez-vous la question suivante : Est-ce que je suis mon opinion ? Répondez franchement chaque fois. Est-ce que je suis mon opinion ?... Est-ce que je suis mon opinion ?... Si vous répondez oui une seule fois, vous avez un urgent besoin d'aide, car vous êtes très malade. Votre vie dépend totalement de la course d'un tout petit hamster dans votre tête. Il n'est pas facile de trouver un vétérinaire pour soigner ce genre de hamster, je vous assure.

Mais que faire quand votre cher Pensouillard est confronté au hamster de l'autre et qu'ils se jettent tous les deux des pensouillures à la tête, sans réfléchir un seul instant à ce qu'ils font ? Réponse : devenir intelligent ! Certains hamsters, exaspérés, vont frapper sur le crâne de quelqu'un d'autre à coups de poing pour y faire arrêter la roue. Comme par hasard, c'est le crâne de sa conjointe ou de son enfant, ou de toute autre personne aux opinions divergentes. À plus grande échelle, ces hamsters agresseurs larguent des bombes sur des milliers de hamsters qui ne prient pas le même dieu ou ne parlent pas la même langue qu'eux.

Il faut pourtant revenir à la seconde magique. La seconde de lucidité, de conscience. Mais, je le répète, c'est la seconde la plus difficile à conquérir qui soit. Au cours de cette seconde, la véritable intelligence se manifeste, pas celle qui conçoit des machines ultra-compliquées, mais celle qui attrape Pensouillard au moment où il s'apprête à activer sa roue. L'intelligence, la vraie, se traduit ainsi : « Oups ! Pensouillard vient d'embarquer dans sa roulette, là dans ma tête ! Et il a commencé à la faire tourner. Ça donne des : " Il faut être crétin pour ne pas voter pour les démocrates ! Il ne comprendra jamais ! De toute façon, comment peut-il comprendre avec ce qu'il a entre les deux oreilles ? " »

L'intelligence, c'est réussir à observer ce genre de discours pendant qu'il se déroule dans son crâne. Dans son cerveau, mais aussi dans le cerveau de son interlocuteur, pour ainsi éprouver de la compassion à l'égard de ces deux hamsters. L'intelligence, c'est assister à ce spectacle sans porter de jugement et simplement se dire qu'on n'embarquera pas là-dedans.

Alors, la prochaine fois que vous aurez une discussion qui s'engage sur une pente dangereuse, j'espère que vous vous direz : « Oh *boy* ! On est en pleine course de hamsters ! C'est à celui qui arrivera à faire tourner sa roue le plus vite ou qui produira le plus de bruit : vroum, vroum... Pourtant, on ne va nulle part. Qu'est-ce qu'on essaie de gagner ? Pourquoi ? On n'est pas des hamsters !... Et lui, là, c'est un ami après tout ! Non... un ami *avant* tout. »

Quand il devient difficile de sortir de la bêtise et que vous vous rendez compte que vous tournez en rond, notez sur une feuille tout ce qui vous passe par la tête, sans aucune retenue. Absolument tout. Puis, allez marcher, cuisinez ou croquez une pomme, en dirigeant toute votre attention sur le moindre de vos mouvements : la sensation du sol sous vos pieds, les légumes que vous coupez, le geste de porter la pomme à votre bouche, son croquant... Après cette pause de cinq minutes, revenez à la feuille que vous avez noircie. Si vous êtes sain d'esprit, vous constaterez à quel point votre hamster vous a conduit sur un territoire où il est absurde d'aller.

4

Apprendre à ne pas s'identifier

Ai-je un problème en ce moment ?
Eckhart Tolle

Si Pensouillard fait autant de bruit dans votre tête, c'est à cause du processus d'identification. Il n'y aurait pas de petit moi s'il n'y avait pas de processus d'identification.

Pensouillard n'est pas arrivé dans votre tête en tombant du ciel! À vrai dire, il est venu au monde à cause… d'un trou! C'était il y a très longtemps, et même plus encore, quand la vie est sortie de la mer sous la forme d'un poisson volant. Après avoir bondi hors de l'eau, ce poisson est tombé par terre pour la première fois de son existence. Affolé, il s'est vite trouvé une flaque d'eau et en a fait son territoire. Peu à peu, à force de se frotter le ventre sur les cailloux qui entouraient ce trou, il s'est fait pousser des pattes et s'est transformé en reptile. Pendant ce temps, dans sa cervelle, un hamster faisait ses premiers pas, car, sans s'en rendre compte, le poisson s'identifiait peu à peu à *son* trou, dans lequel il survivait, un trou qui lui permettait de se distinguer des autres et de leurs trous respectifs.

Grâce à un curieux processus d'identification, Pensouillard est devenu ce qu'il possédait. Au début, c'était sa modeste flaque d'eau ; aujourd'hui, c'est sa maison, sa ville, sa nation, son jardin, son chat, sa religion, ses connaissances, ses idées, ses opinions, son discours, ses jugements, ses lunettes, sa cravate (surtout celle avec un imprimé de Mickey Mouse), etc. Difficile pour lui de se sentir vivant s'il n'a pas de possessions auxquelles se raccrocher. Évidemment, l'attention qu'on porte à son image est essentielle. Après tout, une image est faite pour être vue, sinon à quoi bon ?

Or, la plus belle image de lui-même ne permettra jamais à Pensouillard de quitter sa roue, une version contemporaine du trou. Même s'il possède trois maisons, quatre voitures, cinq femmes et un bateau, le hamster est toujours dans le trou. Jamais les dollars ou les biens matériels ne le feront sortir de sa roulette. Aucune possession n'est en mesure d'arrêter sa course. Au contraire, plus il possède de biens, plus il a peur de les perdre. Et s'il arrive à votre tête d'être enva-hie par la peur d'avoir perdu quelque chose, c'est que Pensouillard est en train d'accélérer le tempo et de produire des déraillements qui vous martyrisent: «Mon stylo Montblanc! J'ai dû me le faire voler, merde! C'est tout ce qui me restait de mon père. Je viens de perdre une partie de ce que je suis!»

La solution, au risque de me répéter, est de faire à ce moment preu-ve d'intelligence. Comment réagiriez-vous si vous demandiez à quelqu'un: «Qui êtes-vous?» et que votre interlocuteur vous ré-pondait: «Je suis mes chaussures Nike, je suis ma montre Movado, je suis mon tailleur Chanel, je suis mes lunettes Oakley, je suis mon Audi TT, je suis mon chalet dans le Nord...» ou encore: «Je suis mon deux et demi mal chauffé, je suis mes godasses trouées, je suis ma toilette qui coule, je suis mes murs en carton, je suis ma bécane rouillée...»? Vous trouveriez ces réponses ridicules, n'est-ce pas? Eh bien, c'est pareil avec le stylo Montblanc. Si des âneries de ce genre vous font souffrir, c'est que rien n'a changé depuis l'époque où le poisson devenu reptile a confondu le trou d'eau où il habitait avec ce qu'il était.

La prochaine fois que vous vous sentirez dans un trou, pensez à tout ça. Interceptez Pensouillard avant qu'il actionne la roue. Essayez d'en faire un réflexe. Si votre hamster s'agite, c'est qu'il se sent menacé. Or, tout tient dans une équation imparable :

Pas de menace = pas de tension psychique = pas de stress !

La menace peut prendre toutes sortes de formes, surgir n'importe quand, au bureau comme au restaurant : « Pourquoi est-ce encore moi qui paie ? Au restaurant, au cinéma, au théâtre, partout. Pourquoi n'est-ce jamais elle ? Elle a un boulot, elle aussi ! Je ne suis bon qu'à ouvrir mon portefeuille. » Allez, hop ! la roue !

Avec de l'entraînement, la conscience devient capable d'observer les réactions du gros ego aussitôt qu'elles se manifestent. Allez, à l'entraînement une fois de plus ! À l'instant où l'addition arrive sur la table, votre attention doit observer la roulette qui démarre et s'emballe... « Madame a commandé du foie gras ! Et du saumon fumé ! Comme si tout lui était dû... Et je n'ai jamais droit à un merci ! Une chaussure recevrait plus de considération, c'est sûr ! » À ce stade-ci, l'attention doit reprendre le dessus : « Bon, ça y est, j'ai la bête qui disjoncte ! Elle se sent menacée, la pauvre petite... »

Oui, la conscience peut observer le mammifère délirant, sourire devant son manège, mais réagir ainsi : « Chérie, j'aimerais te parler de quelque chose, un truc qui me traverse l'esprit : j'apprécierais qu'on partage l'addition. » Le petit moi qui se sentait humilié, méprisé, rejeté entreprend désormais un dialogue sur le partage.

Vous comprenez mieux, je crois. Dans toutes ces situations, ce n'est que l'ego qui se sent menacé, le rongeur en d'autres termes, et non qui vous êtes. Ce que vous êtes vraiment n'est jamais menacé. JAMAIS ! Qu'êtes-vous alors ?

Au surplus, cette identification au trou ne rend pas plus heureux. Au contraire. Plus le trou grossit (ce que je possède), plus l'ego grossit à son tour. Autrement dit, plus on associe ce que l'on est à ce que l'on a, plus s'intensifie la crainte de perdre ce que l'on a.

De nos jours, le trou est devenu sans fond, voilà pourquoi Pensouillard court à s'en rendre malade. Il y ajoute, jour après jour, de quoi se rendre indestructible : des connaissances, des objets, des personnes, du Botox, des prothèses, des cheveux... Il multiplie les efforts pour devenir tellement jeune et tellement gros que même s'il venait à disparaître, il resterait toujours un petit quelque chose de lui-même, quoi qu'il arrive.

Mais j'ai une bien mauvaise nouvelle pour vous : jamais l'ego ne se sentira suffisamment gros – ou complet – pour ne plus craindre de disparaître. La peur et l'ego demeureront toujours indissociables.

Tant qu'il y aura un ego, il y aura de la peur.

5
Les péchés capitaux (au ralenti)

Le meilleur moyen de ne pas avancer est de suivre une idée fixe.
Jacques Prévert

Pour vous montrer encore mieux comment le processus d'identification conduit à l'apparition du petit moi et provoque la souffrance psychique, je vais recourir à d'autres exemples tirés du quotidien, toujours en me servant du ralenti parce que l'identification, ça se fait très vite.

Le petit moi adore l'identification : plus il a d'identités, moins il a de chances de mourir. Il ouvre la télé et commence à regarder un match, n'importe lequel : tennis, poker, épellation… Il ne connaît pas les joueurs, mais en quelques secondes, il fait son choix, il s'identifie! Un instant suffit à Pensouillard pour ajouter une identité à sa collection. Et si cette identité est menacée (comprendre que son joueur préféré est vaincu, par exemple), Pensouillard passe à la vitesse supérieure, laissant la tempête biologique battre son plein. Quand les émotions s'en mêlent, rien ne va plus.

Quand j'étais enfant, on appelait ces émotions – l'envie, la jalousie, l'orgueil… – des péchés capitaux. On nous affirmait qu'on irait en enfer si on mourait après avoir commis l'un d'entre eux! Quelle idée! Il aurait été beaucoup plus judicieux de nous expliquer que l'enfer, c'était *vivre* l'envie, la jalousie ou l'orgueil, puis de nous montrer comment sortir de cet enfer. La sagesse de l'époque manquait de nuances.

Premier exemple : votre voisin

1re **séquence.** Votre voisin a acheté une nouvelle voiture. Une très belle auto, de celles qui attirent le regard dans la rue. Immédiatement, votre Pensouillard se met en mode comparaison: «Ouah, c'est devenu facile d'accès, ces bagnoles, de nos jours. Ça n'a plus le prestige d'antan. Et c'est fabriqué au Mexique. De la main-d'œuvre à bon marché? De l'exploitation des pauvres gens plutôt! Moi, je ne ferais jamais ça, acheter une voiture sans tenir compte de ceux qu'on exploite! Et puis attends l'hiver, mon ami, tu vas savoir ce que c'est, des problèmes de char!» Votre ego, qui s'est identifié à votre propre voiture, est incapable de supporter qu'il y ait mieux que lui, enfin qu'elle! Votre corps est tendu. Si on mesurait votre tension artérielle, on vous prescrirait sur-le-champ des médicaments. Votre petit moi veut déjà plus. Pensouillard ne lâche pas: «La prochaine bagnole que je vais m'acheter sera construite dans un pays où les droits de la personne sont respectés. Et elle ne polluera pas, elle!»

2e séquence. À vous de jouer. L'activité mentale-conscience embarque: «Ça y est, je me prends pour mon auto, je m'identifie à elle, comme si j'étais tout à coup devenu la tôle, le caoutchouc, le moteur et les quatre roues! À l'instant même, Pensouillard raconte toutes sortes d'histoires dans ma tête au sujet de l'auto du voisin. C'est n'importe quoi. Et je souffre!»

3e séquence. Vous vous asseyez quelque part et vous observez ce qui se passe en vous. Dans cette tête et dans ce corps. L'attention suit les sensations physiques. Elle observe les pensouillures. Vous voyez le ridicule de la chose: vous n'êtes surtout pas votre auto! Un sourire apparaît sur vos lèvres. La décroissance personnelle est complétée, l'envie s'est évaporée, la frustration aussi.

Deuxième exemple : dans une librairie

1re séquence. Je suis dans une librairie et je feuillette un livre de Christian Bobin. Tout à coup, je tombe sur un petit bijou : « L'humilité, c'est la clef d'or. Dès qu'on prétend la tenir dans sa main, elle s'évanouit[1]. » Quelle phrase ! Pensouillard s'emballe : « Pourquoi ne suis-je pas capable d'écrire comme ça, moi ? Pourquoi y a-t-il des gens qui naissent avec un talent, et d'autres qui doivent trimer dur sans jamais arriver à créer quoi que ce soit de remarquable ? Pourquoi lui ? Pourquoi pas moi ? » Dans la tête, la course de Pensouillard éclipse la beauté de la phrase de Bobin. L'envie se contorsionne dans la biologie.

2e séquence. Le déclic. Je me sens mal. Je n'étais pas comme ça il y a 15 secondes. Que s'est-il passé ? Oh, là, là, le petit moi souffre ! Il se lamente et bloque l'accès à la capacité d'émerveillement. Il n'y a plus de place pour apprendre dans cette tête, pour admirer la beauté que la créativité humaine peut concevoir. Allez, on amorce la décroissance personnelle.

---

1 *Autoportrait au radiateur,* Éditions Gallimard, 1997, p. 68.

3e séquence. Debout, au milieu des rayonnages, je ferme les yeux. Je place toute mon attention sur la phrase de Bobin, que je relis plusieurs fois pour m'en imprégner. Je savoure sa musicalité, sa profondeur. Elle occupe maintenant toute ma tête. Le passage de l'activité mentale égoïque à l'activité mentale-conscience s'effectue en douceur. L'envie disparaît. La décroissance personnelle est terminée. Ne reste plus que cette phrase qui chante et enseigne...

Troisième exemple : le médecin

À la question « Êtes-vous médecin ? », je réponds aujourd'hui que j'ai étudié et pratiqué la médecine, et que je la pratique toujours. Mon interlocuteur semble toujours un peu surpris. Pourtant, ma réponse reste inexacte. Pour qu'elle soit juste, il faudrait qu'elle prenne une forme qui apparaîtrait à quiconque complètement loufoque, voire non identitaire, du genre : *Le cerveau que vous avez devant vous a étudié la médecine. Il a enregistré des connaissances, pour la plupart objectives, des connaissances issues des recherches (observations et associations) effectuées par d'innombrables autres cerveaux depuis des siècles. Ce n'est pas le petit moi qui produit ou emmagasine des connaissances, ce sont les neurones. Les neurones n'ont pas d'identité! Ce sont des neurones, un point c'est tout.*

Imaginez sa tête, à l'autre... Surtout si je poursuis :

Puis, ce cerveau qui répond à votre question a utilisé ces connaissances et acquis de l'expérience. Il a développé ce qu'on pourrait appeler une intuition clinique, et la volonté de prévenir des maladies dont les humains souffrent inutilement.

Bien sûr, tout cela a parallèlement valu bien des gratifications à « l'activité mentale égoïque » présente dans ce cerveau : une reconnaissance sociale, un statut, des privilèges. Le petit moi aime bien dire : « Je suis médecin. » Il voit immédiatement apparaître un effet dans le visage de la personne qu'il a devant lui. Il aime voir qu'on adopte certaines attitudes qu'on n'adopterait pas à l'égard d'autres personnes. Or, ce cerveau sait maintenant à quel point le petit moi prive la conscience d'être au service d'autrui. Il sait que l'orgueil n'est que source de souffrance parce que le petit moi ne recevra jamais assez de reconnaissance pour être repu. L'important est que l'activité mentale qui exerce la médecine soit libre des entraves du petit moi, qu'elle soit totalement disponible pour écouter, comprendre et offrir des soins appropriés. C'est dans la décroissance personnelle que s'exprime la compétence.

Quatrième exemple : un petit pet de rien

Comme médecin, j'ai vu des personnes mourir. Sur leur lit de mort, certaines pensaient encore, hélas, à l'image qu'on pouvait bien se faire d'elles. Leur ego utilisait le peu d'énergie qu'il restait dans ce corps agonisant pour protéger ce qu'on pouvait penser d'elles après leur mort. Je me souviens ainsi d'un patient dont l'abdomen était gonflé par des gaz. Il refusait pourtant de péter. On pouvait voir Pensouillard dans sa tête : « Je ne suis pas comme ça, moi. Je ne pète pas en public. Quelle image va-t-il garder de moi, le docteur, si je pète devant lui ? »

Heureusement, la décroissance personnelle était présente autour de lui, dans l'accompagnement des aidants et aidantes par exemple, dans leur « laissez-vous aller » aimants et remplis de compassion. Il a fini par comprendre, par accepter la présence et l'amour de ses proches, sans craindre d'être jugé. Et son corps s'est détendu...

Le petit moi a alors laissé sa place à la vie, dans ses ultimes soubre-sauts, place à un repos bien mérité. Et dans ses derniers instants, il nous a dit : « Merci d'être ce que vous êtes. »

S'entraîner, inlassablement

Voici une suite d'énoncés. Cochez ceux qui semblent correspondre le mieux à ce que vous croyez être. Si vous voulez en ajouter, ne vous gênez pas.

… Le moi héros … Le moi québécois … Le moi guérisseur … Le moi guerrier … Le moi sauveur … Le moi saint … Le moi photographe … Le moi artiste … Le moi poète … Le moi cuisinier … Le moi plombier … Le moi beau … Le moi maladie … Le moi en métro … Le moi châtain … Le moi écolo … Le moi gestionnaire … Le moi intelligent …

Bon, inutile de continuer, on en aurait une encyclopédie. Pourtant, vous n'êtes rien de tout ça ! Avez-vous choisi d'être structuré ? Ou désorganisé, au contraire ? Votre voisin a-t-il choisi d'être chauve ? Ou pauvre ? Ou québécois ? Ou chinois ? Que serez-vous demain ? Dans 10 ans ? Impossible à dire.

Alors, qu'êtes-vous ? Prenez bien note que je n'ai pas écrit « *Qui* êtes-vous ? », mais bien « *Qu'êtes-vous ?* ». Prenez le temps, pour le moment, de réfléchir à la différence entre le *qui* et le *que*.

Maintenant, essayez, pendant cinq minutes, de ne pas utiliser le *je* ou le *moi*, comme dans le jeu qui consiste à ne dire ni oui ni non le plus longtemps possible. Faites-le d'abord au fil d'une conversation. Les personnes qui vous entourent ne sont pas obligées de savoir que vous êtes en train de jouer. Essayez de leur parler sans utiliser les mots moi, mien, mon ou ma… Trouvez d'autres tournures. Vous verrez que ce n'est pas facile.

Puis, reprenez l'exercice quand vous serez seul, soyez à l'affût du nombre de *je* ou de *moi* qui circule dans votre tête. Pendant cinq minutes, comptez-les ! Vous verrez qu'en essayant de les compter, vous les faites diminuer. C'est un petit truc pour faire démarrer la décroissance personnelle.

En voici encore un autre : essayez de vous prêter au même exercice lors d'un débat d'idées. Plutôt que de vous acharner à détruire les arguments de l'autre, traquez le petit moi dans votre discours : « Tiens, c'est le petit moi qui cherche à se défendre, le petit moi qui veut gagner à tout prix. Et s'il gagne, ça changera quoi à l'évolution de la vie sur cette planète ? » Constatez que c'est l'activité mentale-ego chez vous qui méprise l'activité mentale-ego chez l'autre, comme un combat de coqs, pour savoir qui va gagner. Si c'était l'activité mentale-conscience qui participait à l'échange, il n'y aurait pas de conflit, mais un dialogue à propos de ce qui est le plus approprié de faire. Deux pensées sans ego s'enrichissant mutuellement.

6

Arrêter de se faire du cinéma

Aussi, dès qu'une pensée apparaît, reconnaissez sa nature de vacuité.
Elle perdra aussitôt le pouvoir de susciter la pensée suivante,
et la chaîne de l'illusion prendra fin.
Khyentsé Rinpoché

Vous avez fait l'amour, il y a de cela quelques heures à peine. Vous évoquez ce moment, assis sur le banc d'un parc, les pieds dans les feuilles d'automne. Vous êtes seul. Vous vous passez et repassez le film de vos ébats. Tout votre corps sourit !

Vous revoyez la main qui glisse dans le pantalon ou la jupe. Elle ne prend pas la peine de détacher les boutons, d'ouvrir une fermeture.

La paume cherche la fesse et la fesse cherche la paume. Le bas du ventre en demande, lui aussi.

Vous êtes donc assis sur le banc d'un parc dans un soleil de fin d'après-midi et, au mitan de votre tête, Pensouillard projette un film érotique dans lequel vous jouez votre propre rôle. Toutes les cellules de votre corps font la vague...

Soudainement, les images changent, comme si Pensouillard venait d'installer un autre film dans le projecteur. Cette fois, les images montrent le visage de la personne avec qui vous venez de faire l'amour. Un visage fermé. Un visage qui se détourne chaque fois que vous lui parlez de vos rêves. « Je ne sais pas, vous répète-t-elle pendant que vous cherchez vos vêtements éparpillés sur le sol. Je ne sais pas, je ne sais pas, maintenant laisse-moi ! » Le film s'arrête : clic, clic, clic, clic... Atterrissage brutal.

Vous êtes toujours assis sur le banc de parc. Devant vous, des enfants jouent. Ils se lancent des feuilles d'automne auxquelles ils mêlent leurs rires d'oiseau. La brise est douce et porte des parfums de bois brûlé. La lumière est parfaitement tiède, mais toute votre chair sanglote. Que se passe-t-il ? Que s'est-il passé ? C'est simple, et ça n'a pris qu'une fraction de seconde : l'amour égoïque a trafiqué le film !

Votre beau film, le vrai, celui de l'amour vécu, s'est fait récrire par la place que votre petit moi réclame!

L'amour, sans petit moi, ne peut vivre que dans le présent. Ailleurs, il étouffe. Et ce qui tourne alors dans la tête n'a rien à voir avec l'amour. Ce sont des rêveries, des fantasmes, des cabrioles égoïques! L'amour ne vit pas hier, pas plus que demain, et fait passer la formule éculée «Plus qu'hier, moins que demain» pour une farce grossière. L'amour EST. Point à la ligne! Ici. Maintenant. Libéré de Pensouillard! Amour rime avec moment présent. Alors, comment faire pour s'y adonner pleinement? **En interrompant la course dans sa tête.**

Pensouillard, pour ne pas mourir, rejette sur-le-champ toute idée qui le freinerait et lui donnerait l'impression d'être mort. Ou rejeté. Ou exclu. Il mesure sa valeur à la vigueur de sa course et évalue chaque instant ce qui pourrait lui faire perdre des points. C'est pourquoi il compare, mesure, juge. S'il se sent négligé, c'est qu'il n'est plus aussi important qu'il l'espérait. Il n'est plus «quelqu'un». Dès que la roue sent le moindre ralentissement, elle se met à couiner: couiiiii! Et toute la biologie s'énerve! La chimie avec. Et la souffrance se dilate. Effectivement, pour de bon, rien ne va plus.

Exercice

La solution pour éviter ce malaise est simple, vous l'avez maintenant compris, mais le reflexe est un des plus difficiles à acquérir : apprendre à observer, comprendre qu'images et sensations sont intimement liées.

Au moment où les images changent dans la cervelle, les sensations changent dans le corps. Découvrez votre capacité à jouer dans ce système. Trouvez-vous un banc, un parc, un automne, une brise tiède, une fin d'après-midi, une lumière parfaite, des enfants qui jouent ou l'équivalent de tout ça. Bref, posez vos fesses quelque part, AU CALME !

Entrez maintenant dans le cinéma de votre tête. Choisissez un film parmi le bric-à-brac de vos archives neuronales. Prenez-en un avec des scènes d'amour, une situation qui, au cours de votre vie, a commencé par de délicieuses insomnies mais s'est terminée dans d'abominables cauchemars (un flop amoureux, on a tous vécu ça, non ?). Projetez-vous une scène érotique. Allez ! Ce n'est qu'un exercice, rien de malsain, ne soyez pas gêné. Observez le glissement du plaisir dans vos cellules. Sentez-le se répandre. C'est instantané !

Changez maintenant de scène. C'est difficile, n'est-ce pas ? Vous aviez envie de continuer, d'aller plus loin... mais ça suffit ! Choisissez celle qui montre le moment où vos rêves ont été éclaboussés, où tout a dérapé. La seconde où la voix s'est écriée : « Je ne peux pas ! Je ne peux pas m'engager. Faire l'amour toute ma vie avec la même personne, ce n'est pas pour moi. Allez, adieu. »

Observez le malaise qui tend et tord vos fibres. C'est instantané ça aussi. Observez les changements biochimiques, hormonaux, physiologiques. Il a suffi de quelques images, rien de plus. OBSERVEZ !

Sortez maintenant du cinéma. Vous êtes toujours dans cet espace calme. Humez les parfums environnants à pleines narines. Secouez les feuilles avec vos pieds. Écoutez leur chant ! Regardez les enfants qui jouent. Placez toute votre attention dans leurs gestes, leurs rires, leur innocence. TOUTE VOTRE ATTENTION ! Ne vous laissez pas déconcentrer. Sentez la vie qui circule en vous. Ce n'est pas une blague : sentez-la ! À ce moment-là, vous entrez dans le royaume de la **vie sans ego.** Bravo.

Si votre tête n'est plus habitée que par la sensation de l'énergie qui chemine en vous (zéro mot !), vous entendez la vérité, celle clamée par le silence depuis si longtemps. Un bien-être exempt des manques de Pensouillard, de ses insuffisances.

Restez alerte, cela dit, car la petite bête peut se pointer à tout moment et se remettre à faire du vacarme ! Si vous demeurez alerte, vous la verrez réapparaître. Vous pourrez même en rire. Ramenez alors votre attention sur les enfants qui jouent, les parfums d'automne, les caresses de la brise. Connexion. Déconnexion. Connexion. Déconnexion. Le silence s'installera alors dans votre tête, un silence qui vous rendra heureux plutôt que spécial. En fait, plus rien en vous ne vous conférera de statut particulier. Personne ne se retournera sur votre passage pour dire : « Tiens, un être éveillé ! Quelqu'un de libre. Un humain que la souffrance a abandonné. » Vous aurez l'air ordinaire, même très ordinaire. Nulle part on ne vous remarquera pour votre seule présence (quand vous entrez dans une pièce, par exemple), mais vous verrez comme vous vous sentirez profondément bien, tellement léger.

Il se pourrait même qu'on se mette à vous critiquer ou qu'on vous critique plus qu'avant. Comprenez ce qui se passe : le Pensouillard des autres (têtes) attaque un silence (celui dans votre tête) qui les insulte, les humilie, les met mal à l'aise. Vous, vous êtes à l'abri. Vous n'avez plus d'ego à offrir en pâture, de moi qui va réagir, s'offusquer, se vexer, attaquer, contre-attaquer, bref, s'emballer. Qu'avez-vous ? La liberté. Un espace inattaquable.

Les réinterprétations que vous faites de certains événements produisent des clips inédits, qui ne sont pas la réalité. La réalité, vous l'avez vécue. Ce que vous en faites n'a pas eu lieu. Ce ne sont que des clips, là dans la neurologie. Rien de réel ! Alors, la paix s'installe… et tout votre corps sourit. C'est la décroissance personnelle.

Cela vous semble trop simple ? Voire ridicule ? Essayez, s'il vous plaît, allez-y. Vous verrez si c'est aussi simple et ridicule que vous le pensez. Consacrez-y toute votre attention. Toute ! Jusqu'à ce qu'il n'y ait plus rien dans votre tête. Si vous arrivez à la même conclusion après avoir tenté l'expérience, c'est que Pensouillard court encore dans votre cervelle, toujours poursuivi par la peur.

PAUSE-CONSCIENCE
Apprendre à se détacher du passé

Parfois, quand j'écoute une personne me raconter sa détresse, j'ai envie de sourire. Je dois même faire attention, car je ne veux pas qu'elle croie que je n'éprouve aucune compassion, ce qui est faux. Si je souris, c'est que je vois les films d'horreur qu'elle se passe dans sa tête. Et je compatis. Elle est au cinéma, elle s'identifie aux personnages et elle ne s'en rend pas compte.

Il y a tellement de films d'horreur dans notre cerveau que nous ne savons plus lequel regarder. Pourquoi y en a-t-il autant? Parce que nous carburons à la mémoire. Nous passons une grande partie de notre existence à vivre dans le passé, donc dans ce qui n'existe plus! Nous nous rejouons des films de notre histoire en espérant que, à force de les revoir, ils s'effaceront. Notre cerveau imagine qu'à force de revoir les séquences de ces films, la fin changera! Mais bon sang, comment?

Pensouillard, projectionniste hors pair, nous fait vivre une projection privée en continu, 24 heures sur 24. Ce petit hamster – notre ego – joue avec les pellicules (nos souvenirs) en faisant toutes sortes d'expériences: il réécrit l'histoire, embellit par-ci, enlaidit par-là, tout ça dans le seul but de se donner le plus d'importance possible, de hisser notre ego sur la première marche du podium. « Mais pourquoi m'a-t-il dit ça ? Pourquoi n'est-ce pas moi qui ai eu cette promotion ? Et elle, pourquoi me regarde-t-elle ? Je suis sûr qu'ils ont fait exprès... Si j'avais su... *Anyway*, c'est comme à la maison. Si je ne m'étais pas marié à l'autre, là, je ne serais pas obligé de travailler comme un cave pour nourrir des fainéants qui se traînent les pieds avec le fond de culotte aux genoux ou la bedaine à l'air. J'aurais pu voyager, gagner des médailles olympiques, devenir vedette de cinéma, baiser les femmes dont j'aurais eu envie... Profiter de la vie, quoi ! »

Certes, Pensouillard peut bien récrire le passé cent fois dans votre tête, jamais il ne sera satisfait de ce qu'il a fait. S'il tourne jour après jour, c'est en aspirant à devenir autre chose. Il essaie désespérément de refaire une beauté à sa mémoire, de se présenter sous un meilleur jour. C'est une sorte d'autochirurgie plastique de l'ego, une course à la croissance personnelle, à l'embellissement permanent du hamster ! Le hic, c'est que cette course folle ne mène à rien, puisqu'elle repose sur hier pour fabriquer son look de demain. Ce que vous êtes aujourd'hui, ou serez demain, c'est la présence que vous consacrerez à chaque instant que vous vivrez. Un instant unique dont vous devez jouir pleinement, auquel vous devez vous consacrer entièrement. Pas un fantasme anticipé de vieux souvenirs trafiqués.

Entre vous et moi, le passé n'a pas d'avenir. Tout le temps que vous y consacrez est du temps perdu. Votre Pensouillard peut revisiter ce « passé de merde » autant qu'il veut, il ne pourra rien y changer. Suivez-moi :

« Mon père m'a donné des coups de pied au cul quand j'avais quatre ans, et des coups de ceinture, et des gifles, ça fait encore mal ! J'en ai maintenant 44 et j'ai mal partout. Si seulement il avait été cul-de-jatte... et manchot ! »

« Ah ! l'imbécile de prof qui m'a tapé la tête avec un dictionnaire. Je serais sûrement meilleur en orthographe si j'avais eu un autre prof. »

Voyez-vous que le hamster s'acharne à transformer ce qui n'existe plus ? Vous rendez-vous compte à quel point c'est absurde ? Ce que vous appelez parfois ce « passé de merde » n'existe que dans la roue de votre Pensouillard chéri. Vous avez filmé une scène de votre vie et vous vous la repassez sans cesse dans votre crâne, comme si en la repassant elle allait se transformer. Sauf que plus vous repasserez ces scènes, plus vous permettrez au processus d'identification de consolider, dans votre cervelle, de fausses identités. Plus vous deviendrez ce que vous n'êtes pas : quelque chose de terminé qui n'existe qu'à l'état d'enregistrement dans des archives neuronales.

Je le répète, ce n'est pas vous le problème, c'est la course du hamster ! Être conscient, c'est être capable de faire la distinction entre un film et la vie. C'est comprendre que vouloir refaire le passé pour favoriser la croissance personnelle est une erreur monumentale. Pourquoi ? Parce qu'en favorisant la croissance personnelle, c'est la croissance d'un hamster dans une tête qu'on encourage. Pas celle de la vie !

Aujourd'hui, quand on me demande qui je suis, je réponds : « Je suis une forme qu'a empruntée la vie pour une certaine période, c'est tout. » Il n'y a que la décroissance personnelle qui peut vous permettre de devenir ce que vous êtes vraiment, c'est-à-dire une conscience capable d'aimer.

7

Du sexe, du sexe, encore du sexe !

La plupart des gens gaspillent leur énergie soit en niant la sexualité,
soit en faisant vœu de chasteté, soit en pensant au sexe en permanence.
Jiddu Krishnamurti

Parlons un peu de sexe, faisons une mise au point. Vous ne trouvez pas qu'on en parle à ne plus savoir qu'en dire ? Partout ? J'ai lu quelque part que les sites pornographiques étaient les plus fréquentés sur Internet et qu'ils rapportaient des milliards. Pourquoi avons-nous tant besoin de parler de cul ?

La réponse constitue un sérieux paradoxe – appelons ça le paradoxe « hamstérien » : si nous parlons autant de cul, c'est parce que ça fait taire Pensouillard ! Quand un être humain baise, sa tête peut enfin être en paix pendant une certaine période... C'est peut-être le seul geste qui l'apaise dans son existence.

Pour bien comprendre, observons deux humains faire l'amour (vous allez peut-être dire que c'est une obsession chez moi, mais dites-vous qu'il s'agit d'une obsession pédagogique; je l'utilise parce qu'elle attire presque toujours l'attention). Dès les premières caresses, Pensouillard ralentit. Son activité décélère. Comme si chaque baiser appuyait sur la touche *slow motion* et provoquait un doux enrayage de la roue du hamster. Autour de la petite bête, rien que des sensations: chaleur, humidité, goûts de salive et de peau. Des cheveux dans des cheveux, des poils dans des poils, des lèvres qui savourent des lèvres, des frissons dans les mains, des gémisse-ments, des soupirs, des halètements, des hurlements... Toute l'at-tention sollicitée par la vie!

De temps à autre, des mots. Brefs, intenses: « Oui! Oui! Oui! Encore! C'est bon! C'est bon! C'est bon! » Des mots surprenants, car ils n'émanent pas de la roulette, qui est arrêtée, au repos. Ils sont pous-sés par la vie, ces mots, ou par le silence peut-être.

La tête des amants n'est alors habitée que par le grain de la peau, son langage. Toute la conscience se consacre à ce que les mains donnent et reçoivent, à ce que la bouche apporte et prend, à ce que les sexes échangent. Le pensouillage semble ne plus exister dans l'encéphale. Rien que contemplation et jouissance, la vie! Une grande vibration qui pourrait fendre la terre. Une vaste présence à ce qui est. Une observation pure. Une sensation pure.

Pensouillard est au repos complet. Hélas! la jouissance à peine achevée, il remonte dans sa machine. Sa roulette redevient convulsive. C'est à nouveau le tintamarre dans la tête des amants, la roulette coui-couine à propos du plaisir déjà disparu: « Dieu que c'était divin! », « Je me sens si légère sous ton poids! », « T'es tellement belle, j'oublie qui je suis dans tes bras... »

Bref, envolée la présence attentive au souffle de l'autre, à la paix qui parcourt son corps. Il n'y a plus que Pensouillard qui s'excite de plus belle : « J'ai enfin trouvé l'âme sœur! Celle avec laquelle je pourrai être moi-même, celle qui n'essaiera pas de me changer et de faire de moi un autre! Celle qui m'aidera à grandir! », bla bla bla bla!

Quelques années plus tard, après une baise de trois minutes sur le pilote automatique, Pensouillard remplit sa cage de grands crissements de roulette: « C'est vraiment elle qui m'amenait au septième ciel, son cul d'enfer, sa fougue lascive? La même qui surcharge le lave-vaisselle aujourd'hui et me fait suer à vouloir repeindre les plafonds en jaune ? Qu'elle se taise, au moins ! » Tout ce vacarme dans le crâne, et toute cette souffrance alors qu'il n'y a pas eu de blessure, pas même une égratignure. Seulement le petit moi qui blâme l'autre de n'être plus à son service, de n'être pas celui qu'il voudrait qu'il soit, et de le priver, par le fait même, du plaisir de se sentir *spécial*.

Dans le monde de l'ego, le credo est : « J'existe à partir du moment où le regard de l'autre se pose sur moi. Si je perds ce regard, c'est mon existence même qui est menacée. » Pensouillard appelle ça aimer ! Tout ce tapage, tout ce bruit... Peut-il en être autrement ?

Le désir n'est jamais un problème. Il ne le devient que lorsque le petit moi s'en mêle. La prochaine fois que le désir montera en vous, observez-le ! Placez votre attention sur ses manifestations physiques. Faites taire le petit moi qui s'agite (« Ce mec-là, c'est moi qui vais l'avoir » ou « Non, elle n'est pas pour moi, elle est bien trop belle ! ») et ne jugez pas. Contentez-vous de regarder les mots défiler. Distinguez la part du désir activée par ce que Pensouillard raconte (ou les mauvais films qu'il projette) et la part du désir qui est réelle, physique, qui vous rentre dedans. Si vous entrez pleinement dans l'activité mentale-conscience, le désir prendra un tout autre sens : soit il s'atténuera, fin de l'aventure, soit il vous amènera vers l'autre dans l'authenticité. Et dans l'authenticité, il vous sera possible de nommer ce qui vous habite. Si vous trouvez ça encore trop difficile, voici un cadeau que m'a fait une grande amie nonne bouddhiste, une phrase grâce à laquelle s'évapore la peur ressentie par le petit moi : « Si je n'avais pas peur, qu'est-ce que je ferais ? »

PAUSE-CONSCIENCE
Amour égoïque ou amour véritable ?

> *C'est parce que l'amour est absent que vous faites du sexe un problème.*
> Jiddu Krishnamurti

J'aimerais vous parler un peu d'amour, pas à vous personnellement, pas à votre petit moi, mais d'amour en général. J'ai soigné beaucoup de personnes qui souffraient de ce qu'elles appelaient une « peine d'amour ». En les écoutant, on voyait vite leur petit moi s'agiter. Leur visage se transformait en vitrine derrière laquelle on voyait tourner la roue et jaillir les pensouillures, comme du fumier qu'on épand dans les champs – de l'engrais pour la souffrance. Moi, moi, moi... Toujours, inlassablement. Dans leur discours, aucune pensée sans ego ! Que du petit moi. « Il m'a fait ci, je lui ai dit ça... »

Ces personnes confondaient l'amour égoïque, l'attachement autrement dit, avec l'amour véritable.

L'amour égoïque vit dans l'activité mentale-ego. Il vit en moi, grâce à moi et avec moi. C'est le type d'amour le plus répandu, celui que recherchent la plupart des gens.

Quant à **l'amour véritable,** il vit dans l'activité mentale-conscience ; il est rare, peu connu, et c'est normal, car il n'y a pas d'ego dedans.

Problème : même en amour, Pensouillard est aux prises avec sa lubie de croissance personnelle. Il confond l'amour réel, celui dénué de toute attente et de toute contrepartie, avec celui où il ne se voit plus vivre sans l'autre.

Quand on s'attarde à l'expression « être en amour », on comprend tout de suite qu'elle décrit un état (très recherché par le petit moi), un état d'euphorie, de profond bien-être entretenu par l'activité mentale-ego. Dans la tête de celui qui est en amour, les pensouillures ne sont que beauté, harmonie, perfection à l'égard de l'être qui a choisi Pensouillard et l'a ainsi rendu spécial. C'est lui qui a été choisi, après tout, personne d'autre ! Un tel pensouillage provoque d'abondantes sécrétions d'endorphines. Les magazines à potins, les romans Harlequin et les films romantiques vendent ce genre d'amour.

Bien sûr, pendant une certaine période, il y a célébration mutuelle. On est attentif aux besoins de l'autre, à son bien-être, à son plaisir. Mais un jour, le petit moi – l'activité mentale-ego – commence à avoir peur de perdre l'autre, ou bien il trouve que cette relation ne lui permet plus de croître. Il commence à évaluer, mesurer, juger… On passe alors du « Je t'aime, je t'aime, je t'aime… » à « On dirait que tu ne m'écoutes pas quand je te parle » ou à « Tu sors encore ce soir ? », et ces pensouillures deviennent peu à peu un mode de vie.

L'amour véritable n'a rien à voir avec un *état* ; l'amour véritable est *mouvement*. Il est vigilance, présence, attention, ouverture.

Pensouillard ne pourra jamais connaître l'amour véritable, car dès qu'apparaissent ses pensouillures, on n'est plus dans l'amour, on est dans l'agitation du petit moi. Les pensouillures qui traversent les crânes sont comme ces banderoles de publicité qui suivent les avions dans le ciel. On y lit : « Je suis en amour ! » L'amour véritable ne fait aucune publicité. Il n'a pas à manifester qu'il est spécial ou extraordinaire. Ce n'est pas le petit moi qu'il porte dans les pensées, c'est la personne aimée, une personne qui n'est pas idéalisée, qui est vue telle qu'elle est. Les pensées disent alors : « Qu'est-il possible de faire pour contribuer à son bonheur ? » L'amour véritable peut même ne rien dire, et le cœur comprend.

Dans l'amour égoïque, si le petit moi se fait dire que c'est fini, il plonge dans le désespoir. Le hamster fait tourner sa roue, réactive et récrit le passé : les jours où tout était beau, où rien ne clochait, où tout était supposément parfait. Il crie maintenant : « Rien ne va plus ! » La douleur s'accentue alors d'heure en heure. Le supplice de la roulette s'intensifie, mais Pensouillard s'acharne à la faire tourner dans l'espoir que quelque chose arrive, que l'autre revienne courir avec lui. C'est comme la roulette dans un casino. Dans le casino du crâne, Pensouillard est là à hurler : « Faites vos jeux ! Misez sur moi ! Misez sur moi ! » Et la roulette enchaîne avec : « Rien ne va plus ! Rien ne va plus ! »

C'est ça l'amour ?

Je le répète, Pensouillard confond attachement et amour. Comme il s'identifie à l'objet de son attachement, à cette nouvelle possession qui le valorise (une belle fille, un gars riche, qui a du pouvoir, de gros muscles), il ne peut tolérer de perdre cet objet. En le perdant, il perd de la valeur. Quand Pensouillard pleure le départ d'un objet d'attachement – d'un idéal –, il pleure sa propre mort. Voilà pourquoi sa souffrance est si intense. L'amour qui vit dans l'univers de la croissance personnelle est nécessairement aux prises avec la dépendance. Dès que le moindre doute s'installe (« M'aime-t-elle encore ? »), Pensouillard se met à chanter à tue-tête son grand classique, *Je ne peux vivre sans toi !*

En cas d'amour véritable, la souffrance prend une tout autre forme lors du départ de la personne aimée. Cette coupure donne l'occasion de faire un pas de plus dans l'apprentissage de la décroissance personnelle. En ce sens, il s'agit d'une souffrance qu'on peut qualifier d'utile.

Concrètement, voici comment peut s'effectuer la décroissance personnelle à la suite d'une rupture ou d'un décès.

1re séquence. Au moment de la séparation, Pensouillard s'emporte : « Que vais-je devenir ? Je ne suis plus rien ! La vie ne vaut plus la peine d'être vécue. » L'activité mentale-ego crée une nouvelle identité : celle de victime. « Personne ne peut souffrir autant que moi ! »

2e séquence. Le déclic se fait, le cerveau se branche sur l'activité mentale-conscience, qui prend la forme suivante dans la tête : « Ça y est, il y a Pensouillard qui débite ses lamentations, ses plaintes, ses tourments. Toute ma tête n'est occupée que par ça ! »

3e séquence. Le cerveau est totalement en mode observation de ce qui se déroule, tant dans sa propre structure que dans le corps, dont il est un des organes. L'activité mentale-conscience observe les manifestations physiques de la tristesse, les souvenirs qui défilent, le discours de Pensouillard à leur sujet. Elle prend du recul. Elle est calme. Elle n'analyse pas ni ne juge ; elle se contente d'observer. Le calme apparaît doucement. La décroissance personnelle produit ses premiers résultats. Puis, peu à peu, l'attention se tourne vers la personne qui part. Elle devient une présence à ce que cette personne est en train de vivre, sans hostilité, sans mépris. Une observation des besoins évoqués (lors d'une rupture) ou de l'apaisement final de sa conscience (lors d'un décès). Ne reste plus, dans la tête qui observe, qu'une paix remplie d'amour. Pensouillard n'est plus là pour résister.

L'amour véritable ne peut vivre que dans la décroissance personnelle, nulle part ailleurs.

Exercice

Si vous craignez toujours que votre hamster prenne le pas à chaque instant d'inattention de votre part, essayez l'exercice qui suit. Inutile de nous cantonner au domaine strict de l'amour (« Il ne me regarde plus de la même manière », « Elle ne se fait plus belle en ma présence ») pour que vous compreniez où je vous emmène.

Prenez quelques minutes pour lire le journal ou un magazine. Pendant que vous lisez, ne vous attardez pas aux informations, seulement aux jugements que votre cervelle émet. Pop ! Comme une bulle qui éclate ! Constatez comment derrière chaque jugement se cache le petit moi : « Je ne suis pas comme ça, moi ! Oh non ! Je ne suis pas comme cet homme d'affaires qu'on a arrêté parce qu'il ne payait pas ses impôts. Je ne suis pas comme cette star qui a quitté sa femme et ses enfants. Je ne suis pas comme ce sportif qui ne fait aucun effort. Je suis honnête, moi ! Et fidèle. Et travaillant. »

L'ego a besoin de tous ces *méchants* qu'on pourfend dans le journal pour se donner un statut supérieur et se sentir en sécurité. C'est toujours l'autre le responsable, jamais soi-même.

Refaites le même exercice en faisant une promenade. Observez la quantité de jugements qui meublent votre tête ; vous pouvez même tenter de les compter. Prenez conscience de toutes ces pensouillures à propos de votre compagne, de votre compagnon, de vos parents, de vos enfants, de vos collègues, de votre patron, de vos employés, de vos voisins, des politiciens, des immigrants, de vous-même. Autant de jugements qui polluent votre cerveau. Entendez ce petit moi qui dit : « Je ne suis pas comme ça, moi ! J'agirais différemment, et ce serait bien mieux. »

S'il n'y avait pas tous ces jugements dans votre tête, qu'y aurait-il ? Prenez le temps d'y penser. Pendant que vous cherchez la réponse, il y aura peut-être un moment de silence dans votre cervelle… Dans ce moment de silence, ce moment où l'activité mentale est libre du petit moi apeuré, l'amour véritable peut se manifester.

8

S'adonner
à la méditation

La vraie générosité envers l'avenir
consiste à tout donner au présent.
Albert Camus

Voici *ma* définition de la méditation : **un moyen inventé par les humains pour calmer Pensouillard.** En fait, c'est un exercice pendant lequel le cerveau apprend à passer de l'activité mentale-ego à l'activité mentale-conscience. Certains sages parlent plutôt de la maîtrise de l'esprit, quand le cerveau se maîtrise lui-même. Si cet exercice est pratiqué sur une base régulière, l'activité mentale-conscience apparaît de plus en plus rapidement lorsque l'activité mentale-ego est en train de faire ses ravages.

Méditer, c'est s'adonner pendant au moins vingt minutes par jour à la décroissance personnelle. Ces vingt minutes permettent qu'un changement s'installe en permanence dans la neurologie, comme un disjoncteur qui couperait automatiquement le courant quand « rien ne va plus ». Ce temps d'arrêt (vingt minutes idéalement) doit devenir votre priorité pour que Pensouillard cesse d'être le meneur de jeu de votre vie.

Méditer sur une base régulière, c'est comme les pompiers qui apprennent à éteindre les incendies dans des poubelles. Ils n'attendent pas que le feu soit pris au dernier étage d'une tour du centre-ville pour apprendre à éteindre un incendie, ils s'entraînent au quotidien. J'ai eu si souvent l'impression que ma tête s'enflammait avant de méditer ! Le feu y consumait tant ma santé physique que mentale. J'ai également constaté que, pour être en mesure d'éteindre ce brasier, il fallait s'entraîner.

Au début, la méditation revient à observer pendant un certain temps le tapage qui habite son cerveau, toutes les histoires qui s'y racontent, tous les discours qu'y tient le petit moi, un vrai parlement qui siège jour et nuit à l'intérieur du crâne et qui, comme au Parlement, dit une chose et son contraire.

La méditation, ce sont vingt minutes au cours desquelles la cervelle observe le processus d'identification, la plus grande dérive de toute l'histoire, et comprend que ce n'est pas dans l'identification que la souffrance psychique s'apaise, mais dans la désidentification. Un laps de temps propice à saisir que l'identification mène à vouloir être plus, à croître, alors que la désidentification conduit à ne plus vouloir rien et, par conséquent, à décroître.

Pendant ces vingt minutes, l'activité mentale constate que les têtes humaines ont mélangé ce qui est à leur disposition avec ce qu'elles s'approprient, et que tous les *mon, ma, mes* ne sont pas *nous*, mais du vent. *Mon* équipe de foot, *ma* culture, *mon* peuple, *ma* cravate, *mon* idée, *mon* organisation, *ma* maladie, etc. Du vent.

Quand la conscience réalise qu'elle **est** déjà tout ce dont elle peut rêver, elle se consacre à ce qu'elle fait de mieux: s'émerveiller, sentir, créer, aimer. Fini le Je-Je-Je. « Je est un autre », disait déjà Arthur Rimbaud en 1871. Quelle clairvoyance! Quel profond respect j'ai pour lui, tant il avait raison! Il avait compris que le petit *je* n'est pas la vie, qu'il n'est qu'un pur produit de la mémoire, du processus d'identification, un discours dans une tête, et lorsque ce discours s'apaise, l'art peut prendre forme. Théâtre, littérature, poésie... Peu importe la forme choisie, la conscience compose alors de la musique qui fait taire les hommes, une musique qui invite au silence afin de remplacer Pensouillard par les étoiles. Fini la souffrance! Juste de la présence! Une ouverture aux sensations.

> Par les soirs bleus d'été, j'irai dans les sentiers,
> Picoté par les blés, fouler l'herbe menue :
> Rêveur, j'en sentirai la fraîcheur à mes pieds.
> Je laisserai le vent baigner ma tête nue.
>
> **Je ne parlerai pas, je ne penserai rien :**
> **Mais l'amour infini me montera dans l'âme,**
> Et j'irai loin, bien loin, comme un bohémien,
> Par la nature, – heureux comme avec une femme[1].

Comprenez-vous mieux maintenant le rôle de la méditation ? Installer confortablement la conscience dans sa tête, devant la cage du hamster, pour le regarder courir. Le voir s'angoisser, se priver de sommeil, parce que le temps manque, que le communiqué n'est pas parti à temps, que les courriels en attente s'accumulent. Et il est trois heures du matin! De quoi aurez-vous l'air demain, hein? Merde! C'est quoi l'idée d'avoir un hamster dans la tête? C'est qui, l'imbécile qui l'a mis là? Et puis il y a ce point dans votre dos qui ne vous

---

1 Poème *Sensation,* tiré du recueil *Poésies,* 1870.

lâche pas. Cancer des os, c'est sûr! Même pas la peine de voir un médecin. De toute façon, impossible d'avoir un rendez-vous avant au moins un an! Ils l'ont dit à la télé. Et tout cet argent à la banque, ramassé pour rien! Et cet enfoiré de patron pour qui vous vous êtes fendu en quatre et qui vous a toujours traité comme un moins que rien, vous, son meilleur employé! C'est lui qui vous a rendu malade. LUI! LE RAT!

Time out!

La méditation, c'est s'asseoir au bord du lit quand une telle agitation mentale nuit au sommeil et placer son attention sur son souffle. Alors, le cerveau entre en mode méditation et fait tomber Pensouillard sur la gueule. S'il reste quelques pensées dans la tête, elles n'ont pas d'ego dedans et peuvent ressembler à ceci: «Ah! une tension dans l'épaule, comme c'est curieux! Difficile de savoir d'où elle vient, mais elle est là. Les muscles sont contractés. Ça part de l'omoplate et ça descend jusqu'au bassin. Si elle perdure, je vais prendre rendez-vous en physiothérapie. Et je vais changer mon matelas, tiens, 25 ans de loyaux services, il a bien mérité d'aller se reposer, celui-là!»

Vous savez quoi ? Quand la conscience voit à quel point la course du hamster est absurde et qu'elle se met à rire de lui – surtout lorsqu'il tombe sur la gueule –, eh bien, la bête descend de sa roulette et se sauve en courant !

PAUSE-CONSCIENCE
Les moines et la prière

> *Si vous vous sentez seul, si vous voulez des problèmes*
> *pour passer le temps, vous pouvez les créer. Ils sont là, disponibles.*
> *Mais vous n'êtes pas obligé de les prendre.*
> Osho

Au cours des dernières années, j'ai eu la chance de séjourner dans un monastère bouddhiste au Népal. Attention, je ne veux pas faire l'apologie du bouddhisme, je n'y connais rien, mais j'ai rencontré des moines dans la tête desquels Pensouillard semblait s'être tu. Ou, à tout le moins, avait ralenti sa course. Il faut dire que ces moines avaient beaucoup médité. Tous les jours, en fait. Au repos et dans l'action.

Mais bon, malgré cet entraînement, certains m'ont avoué – j'ai eu la chance de discuter avec eux – qu'il arrivait encore à la bête (un singe plutôt qu'un hamster) de s'énerver dans leur tête. Ils m'ont confié que dans ces moments-là, ils ne paniquent pas, ils observent le petit moi, ce soi-disant maître du monde, et éclatent de rire ! Soudainement, la roulette se fait berceuse ou berceau. Les neurones ne servent plus alors qu'à conduire l'amour ; « l'amour altruiste », c'est l'expression que les moines utilisent.

Si l'expression « s'aimer soi-même » avait un sens, peut-être serait-ce celui-là : n'être qu'une présence exempte de l'agitation de l'ego, une présence toute nue. Une présence qui voit apparaître les exigences du petit moi dans la tête (« Aimez-moi ! Aimez-moi ! ») et les laisse fondre comme un glaçon dans l'eau chaude. S'aimer soi-même, c'est consacrer 100 % de son attention à sentir l'amour circuler dans toutes les fibres de son être, sans discours égoïque pour court-circuiter les neurones.

Ces sages (les moines) affirment que les humains doivent choisir entre renforcer le petit moi ou lâcher le petit moi, et qu'ils n'ont pas le choix de choisir. C'est une question de survie pour l'ensemble de l'espèce. Selon eux, si les têtes humaines font le bon choix, celui de la décroissance personnelle, la vie pourra continuer à onduler dans les cervelles, alors que si elles choisissent de renforcer l'omniprésente agitation de Pensouillard dans leur tête, la vraie vie poursuivra ses ondulations ailleurs.

Ces sages vivent dans des montagnes enneigées et savourent l'absence de temps, d'horloge. « Coucou, coucou, ici le temps n'existe pas ! » À moins que ce ne soit pour savoir quand prendre l'autobus. Alors que nous... Vous souvenez-vous du passage où je vous parlais de la réinterprétation du passé que nous faisons constamment ou de nos projections dans l'avenir ? Plus qu'hier, moins que demain... Ha, ha !

Ces sages n'ont pas besoin de croire en Dieu ou de l'inventer. Ce sont des hommes de paix et de compassion qui se débarrassent du hamster névrosé très tôt au cours de leur existence. En fait, ils ne se débarrassent pas vraiment de lui, disons plutôt qu'ils apprennent à le débusquer où qu'il soit, dans la moindre pensée, le moindre désir. C'est leur jeu d'enfant. Dès que Pensouillard commence à courir, ils l'entourent d'une présence attentive, et ce dernier s'immobilise instantanément. Plus un mot ! Il n'a plus rien à dire ! Emporté par le silence et la contemplation, il n'offre aucune résistance et s'évapore dans le champ de la conscience. Pouf ! disparu ! Ne reste plus que la pensée intelligente. Et l'énergie aimante.

Certaines têtes humaines disent de ces moines qu'ils ne servent à rien. Erreur! Ce sont des chercheurs. Ils servent à découvrir comment faire taire le petit moi, puisque celui-ci ne sert à rien hormis compter ses trophées (argent, maisons, conquêtes, etc.) pour se donner de l'importance et se conférer un statut divin.

Ces moines prient pour que les ondes de leur cervelle ondulent en harmonie avec celles de l'univers. Leurs prières n'ont rien à voir avec les prières de Pensouillard. Quand Pensouillard prie, il psalmodie des formules, marmonne des demandes, murmure ses peurs: couiiiii. Ses prières sont pour lui une autre façon de se renforcer, comme un cri de guerre. Une sorte de papier tue-mouches pour attraper Dieu: «Viens à moi, Dieu! Colle-toi sur moi! Apaise ma crainte d'être rejeté! Ma peur de ne plus exister!» Si seulement les gens réalisaient qui prie en eux.

Partout où les têtes humaines vont célébrer un culte, elles emmènent Pensouillard avec elles. Il infeste les églises, les mosquées, les synagogues et les stades. C'est pourtant la roulette qui prie: couiiiiiiii... couiiiiiiii... couiiiiiii...

La prière véritable est silencieuse. Elle ne parle pas, n'a rien à demander, ne connais pas les « Je vous en prie, faites que... ». Elle se rend compte qu'elle a déjà tout, là, à portée de main : le parfum des lilas, le goût des oranges, le rire des enfants. Parfois, au bout d'un long et profond silence, elle clame : « Ainsi soit-il ! »

La prière véritable n'enregistre pas les insultes ou les moqueries. Elle ne leur laisse pas le temps de s'installer dans la mémoire. Elle les attrape à leur premier saut sur les neurones et les fait se dissoudre dans un regard compatissant.

La prière véritable observe comment un seul mot ou une seule image suffit pour déclencher une tempête biologique, avec pétarade cardiaque et douleurs partout, et comment une observation intense et pénétrante de cette tempête permet de la calmer.

La prière véritable définit l'intelligence par la capacité qu'a le cerveau à s'observer lui-même et à percevoir, dès qu'elle surgit, une pensée imbibée de haine, puis à la traquer dans ses déplacements neuronaux avant qu'elle n'engendre une engueulade ou une gifle.

La prière véritable découvre à quel point c'est l'agitation mentale – la course de Pensouillard dans les neurones – qui juge, sépare et divise ; sans cette course aliénante, tout demeure relié.

La prière véritable conduit à l'immobilité parfaite de Pensouillard. Ne reste alors dans les crânes que la pleine conscience et, de temps à autre, la pensée sans ego dedans, la seule intelligente, qui dit : « Je est un autre. »

La prière véritable comprend que la croissance personnelle est un long processus, jamais terminé, qui ne conduit à rien, alors que la décroissance personnelle est instantanée et conduit à la vie.

La prière véritable sait que l'identification ne mène nulle part, et qu'une cravate, un hijab ou un gadget n'amène pas la tranquillité d'esprit.

La prière véritable réalise que les humains peuvent se rendre utiles sans y chercher une source de croissance personnelle. Le sentiment d'utilité constitue d'ailleurs un des moyens les plus efficaces pour la tête humaine de comprendre le véritable sens du mot liberté : la cage ouverte et Pensouillard envolé ! Pfff... René Descartes, le philosophe, avait en partie compris cette vérité. Constatant la fonction libératrice du sentiment d'utilité, il a dit ceci : « C'est proprement ne valoir rien que de n'être utile à personne[2] ! » Il donnait encore

---

2 *Le Petit Robert,* édition 1989, dans la définition du mot *utile*, page 2055.

trop de poids et d'importance à Pensouillard, car en écrivant « C'est proprement ne valoir rien », il montrait à quel point il restait coincé dans l'importance de valoir quelque chose. Le sentiment d'utilité ne donne aucune valeur à Pensouillard. Il sert de pont, c'est tout. Il relie les têtes humaines, entre elles et aux étoiles. De cette façon, il permet à la bête de sortir de la cage, ahan !

Renforcer le petit moi ou lâcher le petit moi, voilà le choix le plus grave de toute l'histoire de l'humanité. Le plus urgent ! Certains moines l'ont compris et leur silence en est la preuve. En fait, je dirais plutôt que ce n'est pas leur silence, mais bien le silence, là, dans leur tête, qui est la plus achevée de toutes les prières.

PAUSE-CONSCIENCE
Dieu serait-il un hamster ?

C'est seulement quand je ne sais pas ce qu'est Dieu qu'il y a Dieu.
Jiddu Krishnamurti

Je ne prendrai pas position à propos de l'existence de Dieu. Je veux simplement regarder avec vous ce que le petit moi en a fait.

Peu importe que Dieu existe ou non, une chose est certaine : Pensouillard s'est créé un Dieu juste pour lui.

Il a créé Dieu pour qu'il le protège des volcans, de la sécheresse, des inondations, du tonnerre, de la peste, du choléra, de la rage, du rhume, de la misère, de la pauvreté, de la guerre, de l'ennui, des indigestions, de l'insomnie, des allergies, des échecs, de la faillite, de la faim, de la soif, de la musique satanique, des divorcés, des prostituées, des homosexuels, des hétérosexuels, des bisexuels, des trisexuels, des polysexuels, des fous, des déséquilibrés, des pauvres d'esprit, des croyants, des athées, des Noirs, des Blancs, de tous les autres, des quadrillés, des picotés, des tatoués, des percés, des frisés, des tuberculeux, des aveugles, des sourds, des bègues, des muets, des femmes, des hommes, des rats, des hamsters, des serpents, des démons, du diable, de l'enfer, des autres et de moi-même... et de la mort!

Comme avec tout le reste, Pensouillard a fait de Dieu une possession et une source d'identification: *son* Dieu, d'où le «Oh, mon Dieu!». Il a inventé un syllogisme d'un nouveau genre: «Je suis ce que je possède (mon Dieu), or toute menace à ce que je possède constitue une menace à ce que je suis, par conséquent, ce qui menace mon Dieu me menace moi aussi... et je n'hésiterai pas à me faire exploser pour exterminer tous les incultes qui n'ont pas les mêmes croyances que moi!»

Certaines têtes humaines croient que Dieu existait avant le big-bang et qu'un jour, par amour, il a créé la tête humaine à son image. J'aimerais quand même comprendre une chose: si Dieu a créé la tête humaine à son image, pourquoi diable a-t-il mis un hamster dedans? Serait-ce la preuve que dans la tête de Dieu (s'il a une tête) court un hamster divin?

Je sais que les humains l'adorent. En fait, ce ne sont pas les humains qui l'adorent, mais Pensouillard, dans les têtes humaines, qui adore cet être tout-puissant. Dieu s'occupe personnellement de tous les besoins du petit moi. Pour le remercier, le petit moi lui compose des chansons, lui offre des fleurs et transporte sur lui quelque chose qui le représente (il embrasse même ce petit quelque chose quand il a besoin d'inspiration, de confiance ou de force). Il lui a construit des temples d'où il l'appelle chaque dimanche et où il bouffe avec d'autres « petits moi » tout en parlant de lui. Il l'adore, je vous le dis !

Dieu, un hamster ? Vous croyez que je plaisante ?

Avez-vous constaté à quel point il est étrange que Dieu ait besoin d'être défendu, remercié, adulé, célébré, vénéré, reconnu ? Vous ne trouvez pas bizarre cette ressemblance avec le petit moi ? Et avec son besoin de croissance personnelle ?

Personnellement, je vous avoue que je suis renversé par cette parenté. C'est fou comme Dieu ressemble au petit moi !

Ce Dieu, Pensouillard peut en faire ce qu'il veut ! Lui donner autant de noms (Yahvé, Allah, Vishnou, etc.) que de fidèles. Lui faire dire ce qu'il veut bien, ce qui est commode...

Pensez-y : qui est-il, ce hamster, pour parler de Dieu au monde entier ? Qui est-il pour se proclamer son représentant sur terre, en faire la promotion et le vendre ? Un hamster qui représente Dieu, vous imaginez? Dieu, s'il existe, ne peut être ni inventé, ni vendu, ni repré-senté. Dieu, s'il existe, ne s'invente pas!

Pour clore le débat sur la question de l'existence de Dieu, je m'auto-rise une affirmation gratuite. Si Dieu existe, s'il existe vraiment, c'est quand Pensouillard n'est plus là pour y croire! Prenez une pause pour réfléchir à cette affirmation gratuite, et peut-être que Dieu, pour la toute première fois, apparaîtra vraiment dans votre vie... Je dis ça comme ça.

9

Décroître et éloigner les mangeurs de poux

Bien entendu, pour que vous ayez raison, quelqu'un doit avoir tort. L'ego adore donc donner tort, puisque cela lui donne le droit d'avoir raison. Autrement dit, vous devez donner tort aux autres pour acquérir un sens plus fort d'identité.
Eckhart Tolle

D'après vous, quel est le chaînon manquant dans l'évolution de l'homme ? Le pou, cher lecteur. Le pou ! Si autrefois c'était le babouin qui repérait des poux chez les autres et les mangeait, aujourd'hui, c'est le gros ego.

Bien sûr, la recherche des poux a grandement évolué à l'ère de la modernité et elle est aujourd'hui beaucoup plus subtile. Épouiller consiste désormais à découvrir chez l'autre des faiblesses et des carences qui permettront de le regarder de haut. Cela consiste aussi à trouver, avec le même appétit, les erreurs que commet son semblable, les bourdes grâce auxquelles il peut humilier ce dernier, l'enlaidir, le rapetisser et, par le fait même, se grandir ! Ça demeure une manière préreptilienne de se protéger, car plus le petit moi a l'impression d'être gros, plus il a le sentiment de faire peur ! Bouh ! Et plus il a le sentiment de faire peur, moins il se sent menacé. Donc, pour avoir moins peur, il suffit de se faire gros ! Comme la recherche des poux chez l'autre le fait grossir, cette activité constitue désormais un tremplin vers la croissance personnelle.

Trouver des poux excite Pensouillard. Il aime bien être le premier à pouvoir parler des défauts qu'il a décelés chez son voisin. Vous me voyez venir, non ? Ça lui procure l'attention dont il a besoin pour sortir de l'ennui, car on s'ennuie beaucoup dans une tête humaine quand le temps y est entièrement consacré à courir dans une roue. Or, cette habitude de manger des poux, bien que délectable pour Pensouillard, n'en est pas moins indigeste à la longue.

Alors, comment s'en défaire ? En cessant de se comporter comme un babouin. En passant du cerveau primitif à l'intelligence, même si Pensouillard semble parfaitement à l'aise avec les comportements de babouin.

Comme je vous le répète depuis un moment maintenant, être intelligent revient à amorcer la décroissance personnelle, à l'instant même où le petit moi pète les plombs. C'est hyper difficile de faire ça, car le petit moi ne veut rien savoir. Il veut se distinguer, gagner, montrer qu'il existe, être reconnu, qu'on s'occupe de lui. Il veut être le meilleur, l'unique, le plus brillant, le plus aimable, le plus savant, le plus beau, le plus fort, le plus habile, le plus rapide, le plus riche, le plus sage, le plus humble, celui qui mérite le plus d'être aimé... JAMAIS IL NE VOUDRA DÉCROÎTRE ! C'est contraire à sa nature.

Voilà pourquoi nous parlons tellement de croissance personnelle de nos jours. **Nous vivons dans un monde malade du petit moi.** Mais ne lui demandez pas, à lui, de s'en rendre compte, il en est incapable. Seule l'activité mentale-conscience peut s'en rendre compte ; c'est l'intelligence à l'œuvre dans une cervelle affranchie du petit moi.

Il n'y a aucune forme d'intelligence dans l'ego, pas la moindre parcelle. L'intelligence loge dans la capacité d'être présent, attentif, relié ; d'être le véhicule de la vie. Elle est à la fois le déclencheur et l'aboutissement de la décroissance personnelle. C'est elle qui, au restaurant, dit « Oups, Pensouillard me ronge les neurones » quand l'activité mentale-ego juge la serveuse trop lente ; c'est elle aussi qui amorce la décroissance ; c'est encore elle qui, après la décroissance, est disponible pour constater le souci qu'a la serveuse de bien faire son travail.

Au Népal, les moines appellent cela **la méditation dans l'action.** Ils disent que lorsqu'on est dans un endroit tranquille – sur le bord d'un lac, en montagne ou dans une pièce silencieuse –, il peut devenir relativement facile d'observer les pirouettes de Pensouillard, et c'est au moment où la bête s'emporte que la véritable méditation commence.

Même après des années de méditation à raison de vingt minutes par jour, la décroissance personnelle ne s'effectue pas automatiquement chaque fois que votre petit moi « pogne les nerfs ». Oui, la prise de conscience – le déclic – se fait de plus en plus rapidement, mais ce n'est jamais acquis. C'est à recommencer chaque fois que le petit moi panique parce qu'il ne reçoit pas l'attention qu'il croit mériter… Jusqu'au jour où, à force de persévérance, la décroissance est instantanément mise à exécution par les neurones. Ce jour-là, le petit moi n'a à peu près plus d'influence sur ce qui se passe dans la neurologie. Dès qu'il fait entendre sa plainte, l'intelligence se met en mode déclic et la paix apparaît.

Beaucoup de têtes humaines répètent un mantra pendant vingt minutes chaque jour, « Om, Om, Om... », jusqu'à ce que la litanie endorme Pensouillard et qu'il n'y ait plus que le mantra dans leur tête. Certains s'imaginent que c'est ce qui les rendra intelligents. Cette routine peut certainement calmer Pensouillard pendant un moment, mais ce ne sera jamais suffisant pour devenir intelligent. D'où la méditation dans l'action.

La méditation dans l'action

Elle commence quand votre conjoint vous annonce qu'il vous quitte pour une femme plus jeune que vous, je veux dire, beaucoup plus jeune que vous. « Une pitoune ! » (Ce sont les premiers mots à sortir de la roulette quand vous apprenez la nouvelle, le début d'une longue tirade...) Vous pouvez alors vous asseoir en position du lotus et répéter un mantra sur tous les tons : « Om, Am, Um... » Il en faut pourtant plus que ça pour freiner le petit moi ! L'ouragan Pensouillard, force 5, balaiera le moindre mantra sur son passage. « L'écœurant, le salaud, la crapule ! Ommm... Ommm... Me faire ça à moi après tout ce que j'ai fait pour lui ! Ommm... Ommm... L'ordure ! Même pas assez de couilles pour me le dire plus tôt ! Ommm... Ommmm... L'animal !

Je ne suis plus assez belle pour lui ? Trop vieille ? Trop ridée ? Omm… Le poltron ! Il va voir ce qu'il va voir ! »

Vous pouvez mettre tout ça au masculin, ça revient au même : vous êtes pris dans le tsunami des émotions. C'est à ce moment précis que doit commencer la véritable méditation. À cet instant précis !

C'est ça, la méditation dans l'action. Toute autre forme de méditation, si valable soit-elle, ne fait que préparer celle-ci.

Revenons à notre tsunami. Votre mari vient donc de vous annoncer qu'il vous quitte pour une pitoune… ou votre épouse pour un plus riche. Votre cœur n'est plus qu'une marmelade qui fait blob-blob-blob… De la confiture en ébullition !

Que faire ?

Asseyez-vous bien droit. C'est la base. Bon, vous pouvez rester debout si vous êtes incapable de vous asseoir. Vous pouvez aussi vous mettre à genoux, ou vous coucher à plat ventre et taper des poings sur le sol, ou vous faire couler un bain, vous mettre la tête sous l'eau et tenter de noyer Pensouillard pour de bon. Ce sont d'autres options ! Mais la position qui se prête le mieux à ce qui suit est la position assise, le dos bien droit. Je sais, c'est difficile. La bête a mis le turbo et les mots sortent à pleins bouillons. « Il m'a menti, l'espèce ! Qu'est-ce que j'ai été bête ! »

Placez maintenant votre attention sur votre respiration, qui, soit dit en passant, doit être en train de pomper tout l'air absorbable à des kilomètres à la ronde ! Je sais, vous n'avez pas envie de faire ça. Même si ça fait des années que vous méditez, vous avez tout oublié ! Ommm... Omm... Ça ne donne rien ! Aucune paix dans la tête. Juste l'envie de haïr ! La roulette catapulte des tas de commentaires : « Comment a-t-il pu ? Comment peut-on être con à ce point ? Je m'en doutais... J'aurais dû m'écouter, merde, quand je me disais qu'il n'y avait que sa queue qui comptait. L'enfoiré ! Comment ai-je pu l'aimer ? Et je l'aime encore ! JE L'AIME ! Il n'aurait qu'à dire un mot... »

La cage est brûlante, les barreaux rougeoyants. Vous étouffez ! Vous avez beau vous concentrer sur le souffle, ça repart de plus belle : « Comment ai-je pu être aussi aveugle ? Naïve ? Idiote ? Qu'est-ce que j'ai bien pu faire ? »

PAUSE. Allons-y lentement maintenant. Calmons-nous le hamster. Je le répète pour la millième fois : c'est difficile. Vous êtes complètement sous son emprise. Aucun neurone n'est disponible, tous sont occupés par la trahison, l'affront. Vous vous répétez que vous vous êtes fait avoir, mais allez, immobilisez la roue quelques instants afin de libérer un ou deux neurones...

J'insiste, une seule chose peut calmer le hamster : l'attention. C'est la seule solution pour que le déclic s'effectue dans votre tête et que la décroissance personnelle s'amorce. Allez, amenez votre attention sur les sensations qu'éprouve votre corps, les serrements, les contractions. Découvrez où loge la souffrance ; est-ce dans la poitrine ? le ventre ? Quelle forme prend-elle ? S'agit-il d'un spasme ? Observez-le. Toute l'attention sur les sensations. Aucune sur le passé. Pas de « Il est pareil comme mon père, ce taré » ni de « Ma mère me l'avait bien dit » ou autre parasitage du genre. Je sais, c'est ardu. Pensouillard revient, recommence, il se débat. Mais quand toute la conscience n'est habitée que par les sensations corporelles, Pensouillard devient mou, engourdi, et quand Pensouillard est engourdi, la souffrance s'atténue.

Comprenez d'où vient la peur qu'a votre hamster de disparaître. Il se compare. « Qu'est-ce qu'elle peut bien avoir que je n'ai pas, cette gonzesse, à part la jeunesse ? Elle ne fait pas la cuisine aussi bien que moi, c'est impossible ! Elle n'endurera sûrement pas qu'il regarde son foot tous les dimanches après-midi. Et les bobettes de Monsieur, qui va les lui laver ? Certainement pas une petite conne de cet âge-là !

Les petites connes ne torchent pas les vieux ploucs.» Et blablala, et blablabla...

C'est l'identification à des rôles qui vacille: «Ma cuisine, mon lavage, mon ménage, personne d'autre ne fait ça comme moi! Je suis unique, car il n'y a que moi pour accepter de le torcher.» Voilà votre hamster si spécial qui a peur de mourir! Il n'est plus reconnu pour tout ce qu'il a été, pour tout ce qu'il a fait. C'est comme s'il n'avait pas eu d'existence ou qu'il n'en avait plus...

Il peut alors tomber dans le piège de la croissance personnelle. «Je vais désormais m'occuper de moi! Je vais devenir tellement intéressante qu'il va le regretter jusqu'à la fin de ses jours, le salaud! Je ne perdrai plus mon temps à penser à lui. Je vais enfin pouvoir devenir qui j'ai toujours voulu être. De toute façon, elle va en baver, sa pitoune! Elle ne pourra jamais lui donner ce que moi seule pouvais lui donner.» Et blablabla, et blablabla... Des pensouillardises à n'en plus finir.

La tête humaine pensouille beaucoup, mais pense peu! La pensée mène à l'action; la pensouillardise ne mène nulle part. Elle tourne sur elle-même et provoque la souffrance. La pensée relève de l'intelligence, la pensouillardise résulte du mémérage neuronal. La pensée sert la conscience, la pensouillardise sert l'ego. La pensouillardise n'est qu'un petit événement mental, éphémère. Du courant dans des fils électriques. Et Pensouillard l'alimente, inlassablement : « Je n'étais rien pour lui ! Rien… rien… rien… rien… » Et c'est ce mot, *rien,* qui fait mal chaque fois.

Quand il n'y a que la pleine conscience – ce que permet la méditation dans l'action –, votre ego n'est plus dans l'urgence d'être aimé. Quant à Pensouillard, il cesse de faire n'importe quoi, comme se prostituer, mentir ou se faire exploser dans un autobus, pour acquérir de la valeur à ses propres yeux (ou aux yeux des autres, ce qui revient au même). Pensouillard n'a plus besoin d'avoir quelque valeur que ce soit, car il ne court plus ! Ne reste que la vie… au service de la vie.

La thérapie

En Occident, nous concevons la magie comme l'art de créer des illusions.
Pour les Tibétains, détruire les illusions est la forme la plus élevée de magie.
Traduction libre tirée du documentaire de Richard Kohn,
Destroyer of illusion, The Secret World of a Tibetan Lama

L'étape déterminante dans l'histoire de l'humanité n'est pas celle où un humain a mis un pied quelque part (en Amérique ou sur la Lune), mais bien celle où Pensouillard a mis le pied dans la tête d'un humain. Une étape cruciale dans l'avènement de la souffrance psychique contemporaine et du risque réel que la vie disparaisse à jamais sur cette planète !

Pour soulager cette souffrance, les humains ont inventé la thérapie. Il s'agit d'une des formes les plus raffinées de l'évolution. Une manière intelligente de faire en sorte qu'on puisse vivre ensemble le mieux possible. Pourtant, plusieurs thérapies ne soulagent en rien la souffrance. Pourquoi ? Je vous le donne en mille : parce qu'elles se concentrent sur la croissance du petit moi plutôt que sur sa décroissance !

Pendant mon cours de médecine, nous avons sommairement étudié les travaux de Freud. Ce médecin neurologue, fort connu, est indéniablement un des pères de la thérapie, et si ce n'était que pour ça, merci monsieur Freud! Sincèrement.

Il a passé une bonne partie de sa vie à explorer le petit moi, mais il ne s'est jamais rendu compte qu'il s'agissait d'un hamster. Bon, on le lui pardonne, car il a quand même mis en évidence la très forte tendance du petit moi à se défendre, c'est-à-dire à protéger son intégrité à l'aide de mécanismes de défense inconscients, comme la rationalisation ou le déni. Ainsi, il a vu qu'en rationalisant avec des « C'est à cause de... » ou en faisant du déni avec des « Non, ce n'est pas moi qui... », l'activité mentale-ego tentait d'entretenir une image parfaite d'elle-même dans la neurologie où elle se déroulait, et dans toutes les neurologies susceptibles de juger cette image. Après tout, on pourrait la condamner (c'est ce que font les juges), et quand on est condamné, on risque de disparaître (en devenant hors d'état de nuire!). Freud a également découvert que si le petit moi vivait constamment sur la défensive, c'était à cause du passé. Par exemple, si à l'âge de cinq ans, après avoir récité un poème, un petit cerveau a entendu « Tu es bon, tu ne t'es pas trompé! », il a pu enregistrer qu'il ne fallait désormais plus qu'il se trompe pour être considéré comme bon et être applaudi (par conséquent, aimé et protégé). Ainsi, dans des circonstances tout à fait anodines, ce petit cerveau a pu développer la croyance qu'il lui fallait entretenir une image parfaite dans la tête des autres pour assurer sa survie. Pensouillard est alors devenu le gardien de sa propre image. Un hamster de garde!

Si, par ailleurs, dans des circonstances beaucoup plus pénibles, les neurones ont enregistré des coups de poing ou des agressions sexuelles, le petit cerveau a pu tout faire pour éviter que les sévices se répètent. C'est normal. Toutes les formes dans lesquelles circule la vie essaient d'échapper à la souffrance. La mémoire, entre autres choses, sert à ça: ramener le plaisir, éloigner la souffrance. Là où il y a problème (je l'ai déjà dit, mais c'est tellement important que j'insiste là-dessus), c'est lorsque l'activité mentale-ego repasse constamment dans la tête le film du coup de poing ou de l'agression sexuelle et qu'elle tombe dans le piège du processus d'identification. Autrement dit, le traumatisme devient un traumatisé, la blessure se transforme en petit moi.

À propos, encore une fois, qu'est-ce que le petit moi? Réponse: des enregistrements qui se prennent pour un organisme vivant! À ce sujet, Freud s'est trompé, même si ce n'est pas sa faute. En passant sa vie à écouter des enregistrements, soit le discours de tous ses patients, il s'est fait prendre! Il a fini par croire et par confirmer par écrit que le petit moi était un organisme vivant. Il écoutait des enregistrements de blessures causées par des traumatismes de toutes sortes – négligence, abandon, viol, etc. – et en a conclu, avec raison, que ces mémoires empêchaient la cervelle qui les exprimait de vivre dans la plénitude. Il n'a cependant pas vu – enfin, pas à ce que je sache – que la même cervelle était capable, en quelques instants, de se débrancher de ces mémoires ; non pas que les enregistrements s'effaçaient (ils sont indélébiles), mais le cerveau dans lequel ils étaient imprimés pouvait se brancher sur une autre forme d'activité mentale et entrer dans la conscience du vivant. Il était doté de cette intelligence qui provoque la décroissance personnelle.

Freud n'a pas vu que, si Pensouillard arrêtait de courir, toute la capacité de présence qu'a la cervelle redevient disponible, comme reconnectée ! L'activité des radars et des antennes n'est plus interrompue par la course d'un hamster. La conscience est branchée sur tout ce qui vit.

Si toutefois la conscience redevient habitée par la peur, elle est aussi capable d'observer cette peur, d'en observer tant les manifestations physiques que les pensouillures qui l'entretiennent. Elle peut ainsi amorcer la décroissance personnelle et redevenir apte à recevoir et à donner.

La thérapie prend alors un tout autre sens. Au lieu de travailler pendant des années à renforcer le petit moi pour qu'il n'ait plus besoin de se défendre (inconsciemment), la cervelle apprend la décroissance. Lorsqu'elle y met l'énergie nécessaire, elle peut le refaire n'importe quand, dès que Pensouillard se pointe le bout du museau. Fini la course sur place, fini la roue vers une plus large part de soi-même.

Mais il arrive que les hochements de tête d'un thérapeute soient la seule forme d'attention que Pensouillard reçoive. Le danger, avec cette forme d'attention, est son pouvoir d'engraissement ! Beaucoup de thérapeutes font grossir Pensouillard semaine après semaine, juste avec quelques « ahan, ahan » bien envoyés. Ces sons-là font rapidement prendre du poids à la petite bête ! C'est comme s'ils lui donnaient tout à coup l'importance qu'elle n'a jamais eue. Elle est flattée dans le sens du poil et couiiiiii, tourne la roue ! Elle peut se mettre à gonfler très vite, comme une montgolfière, et s'envoler là où les têtes humaines n'ont plus les pieds sur terre. Or, ça ne soulage en rien sa souffrance. Au contraire, même si Pensouillard n'a plus les pieds sur terre, sa souffrance revient inlassablement au rythme où la roue tourne.

La véritable liberté n'est ni politique, ni économique, ni religieuse ; la véritable liberté est neuronale ! Elle réside dans le silence à l'intérieur du crâne. Là où on retrouve une capacité d'écoute dénuée de toute attente et de toute illusion, une capacité d'écoute qui ne dit jamais « Je t'aime d'un amour inconditionnel », parce que dire ça, c'est une aberration. Comment l'amour pourrait-il être conditionnel ? L'amour qui impose des conditions ou qui refuse qu'on lui en impose n'est déjà plus de l'amour. Il porte une ventouse prête à se fixer sur une peau et à y sucer la vie, sans retenue, pour toute une vie parfois ! L'amour qui ne serait pas inconditionnel est un pou ! Et une cervelle qui va en thérapie pour trouver l'amour, ou parce qu'elle ne l'a jamais connu, ne pourra le rencontrer qu'à la condition de vivre la décroissance du petit moi.

Parfois, c'est un ami qui sert de thérapeute. Avec son silence et son écoute, quelques mots ici et là, il aide Pensouillard à sortir de la cage. Une libération inconditionnelle !

Un ami est d'ailleurs un agent de libération inconditionnelle. Il ne flatte pas le petit moi ni ne l'encourage à courir plus vite. Il est là, dans une présence où son propre ego n'essaie pas de montrer qu'il sait ce qu'il faut faire. Il montre tout simplement qu'il voit la souf-france, qu'il la sent et l'entend. Jamais il ne la nie ; il l'accueille. S'il est vraiment présent, peut-être pourra-t-il, par un geste ou un mot, montrer qu'il existe autre chose que cette roulette à laquelle on a tellement donné d'importance en ce monde, autre chose que ce petit moi qu'on a tant valorisé depuis quelques siècles, et que cette autre chose est une simple présence, très ordinaire, banale même, à la vie, sous toutes ses formes. Quand cette présence surgit, plus aucune thérapie n'est nécessaire.

10
Utiliser ses sens pour décroître

Comme nous n'arrêtons pas de nous parler à nous-même, rien ne nous parle.
Pema Chödrön

En cas de crise, la décroissance personnelle peut s'effectuer de manière très agréable, pourvu qu'il y ait une connexion fluide entre la cervelle et ce que perçoivent les sens. Pas de Pensouillard qui embrouille la réception en courant sur les fils.

Voici donc quelques exercices pour vous permettre de décroître dans le plaisir ; il s'agit, à tout moment, de découvrir où est situé le centre de votre attention. De petites questions, toutes simples, peuvent vous aider : « Où est mon attention présentement ? Est-elle absorbée par le spectacle que m'offre la vie ou est-elle accaparée par Pensouillard? Est-elle au service de mon gros ego ou est-elle sur ce que mes sens perçoivent?»

Les yeux

Comment vos yeux regardent-ils un visage? Est-ce que Pensouillard s'inquiète de l'effondrement de la Bourse et de la valeur de vos REER pendant qu'une personne vous sourit et vous parle? Est-ce qu'il émet des pensouillures du genre: «C'est la catastrophe! Le Dow Jones a chuté de 798 points, la pire dégringolade depuis 13 ans. Je suis ruiné! Je devais prendre ma retraite dans un an. Eh bien, au rythme où ça va, ce sera six pieds sous terre à faire du bénévolat pour les vers!» Avez-vous déjà constaté qu'au moment où Pensouillard produit ces âneries, vos yeux deviennent inutiles? C'est la cécité totale. Il ne reste plus le moindre espace dans votre crâne pour la beauté d'un visage qui vous regarde. Le hamster squatte toute la neurologie.

Pouvez-vous regarder un visage sans le commenter? Sans même dire que vous le trouvez magnifique avec ses yeux noirs comme des charbons? Faites-le immédiatement. S'il n'y a pas de visage près de vous, choisissez un objet, n'importe lequel : une horloge, une bulle de savon, un dé à coudre. Placez toute votre attention sur la forme, les lignes, les courbes, sans passer le moindre commentaire. Si Pensouillard se pointe, prenez-en conscience sur-le-champ ! Regardez les syllabes éclabousser les parois de votre crâne. Réalisez que vous n'êtes plus avec le visage (ou l'horloge, ou la bulle de savon, ou le dé à coudre), mais avec votre hamster.

Ramenez alors votre attention sur le visage ou l'objet que vous avez choisi. Regardez-le avec toute votre conscience. Les yeux, le nez, la bouche... jusqu'à ce qu'il ne reste plus que ça dans votre crâne. Aucun mot ! Seulement les couleurs, la réflexion de la lumière... Rien d'autre, pas de remarques, pas de jugements. Le visage entouré de silence au beau milieu de votre cervelle... L'horloge ou le dé à coudre sur les écrans de votre crâne ; uniquement des gros plans, sans bande sonore. Appréciez le bien-être qui vous habite !

Les oreilles

Comment vos oreilles entendent-elles la voix d'une personne aimée ? L'entendent-elles vraiment ? Vous est-il déjà arrivé d'avoir seulement la voix de l'autre – ses nuances, son ton, sa musicalité peut-être – qui remplit toute votre tête? Juste ça, et pas la vôtre qui enterre, dans vos haut-parleurs internes, ce qui vous est confié.

Avez-vous déjà accueilli une insulte ou une critique sans que Pensouillard prenne ses pattes à son cou? Un commentaire du genre «T'es rendue grosse!» ou encore «Ton travail, c'est du fumier! Même un cancre du secondaire ferait mieux!». Avez-vous déjà entendu de tels propos sans que le hamster, tremblotant, devienne totalement hystérique? Êtes-vous capable d'essuyer une attaque sans que votre petit moi se jette sur les barreaux de votre cage intra-crânienne? Si je vous dis, par exemple, que vous êtes vraiment épais ou épaisse, et que vous êtes la seule personne à ne pas s'en rendre compte, pouvez-vous suivre attentivement le cheminement de ces mots dans vos circuits neuronaux? Les observer dès que la roulette commence à les bringuebaler. «Épais... épais... Épaisse... épaisse... » Les entourer de votre conscience avant qu'ils s'enregistrent? C'est sûr que vous pouvez le faire!

L'activité mentale-conscience peut accueillir une insulte pour ce qu'elle est, c'est-à-dire des cacas de hamster, et dire «Tiens, tiens, l'insulte est là... Elle vient tout juste de pénétrer dans ma cervelle et, comme une flèche empoisonnée, a commencé à y répandre son venin». Cette fois, elle est entourée de conscience. Les mots ondulent d'un neurone à l'autre, comme si Pensouillard n'arrivait pas à embrayer la roulette... Les mots ne reviennent pas inlassablement, comme ils le font d'habitude : «T'es grosse... grosse...», «Fumier... fumier...», «Épais... épaisse...» Comme c'est curieux, l'insulte ne s'enregistre pas ! Elle s'évanouit, tout doucement, cesse de circuler dans les circuits neuronaux. Le petit moi n'est plus là pour lui prêter existence.

En passant, ce que vous venez de lire s'applique également aux louanges. Pensouillard adore les louanges ! Elles sont un énergisant pour le petit moi. Pensouillard peut facilement en devenir dépendant et souffrir de leur absence... Pouvez-vous prendre conscience du mouvement des louanges dans votre coco ? Ne pas vous attacher aux sensations qu'elles déclenchent ? Pouvez-vous devenir alerte quand vous entendez «Vous êtes la personne la plus intelligente que j'aie rencontrée !» ? Dites-vous tout doucement : «Oups ! des louanges, combien de temps Pensouillard va-t-il les faire rouler dans les neurones ? Les garder comme des objets précieux ? Elles n'ont pas plus de substance que les insultes. Elles ne sont désormais que des pensouillures circulant dans le câblage cérébral.»

L'odorat

Dois-je absolument vous parler de votre pif et de ce qu'il peut vous permettre de comprendre dès maintenant? Est-il vraiment nécessaire que j'oriente votre activité mentale-conscience vers le bouquet d'un vin plutôt que de laisser votre petit moi rivaliser de savoir avec les Pensouillard qui l'entourent?

Le goût

Avez-vous déjà constaté à quel point Pensouillard ne s'arrête jamais pendant que vous mangez? Il vous active la roulette au beau milieu de votre plat favori avec des trucs comme: «Ah! j'ai oublié d'appeler ma mère pour son anniversaire hier, merde, elle va me faire la gueule!» Placez votre attention sur ce qui stimule vos papilles gustatives et prenez conscience de ce que veut dire *être présent*.

Le toucher

Caresser, savez-vous ce que ça signifie, caresser ? Savez-vous qu'une caresse véritable est complètement libre des soubresauts d'un hamster ? Seul un esprit affranchi du besoin d'être aimé (ou reconnu) peut donner tout son pouvoir à une caresse, celui d'établir un vrai contact entre deux consciences. Êtes-vous véritablement dans la pulpe de vos doigts quand ils serrent un enfant contre votre poitrine ? Habitez-vous vos mains quand elles le bercent alors que ses dents tentent de se frayer un chemin dans ses gencives ? Êtes-vous vraiment dans vos bras quand ils serrent ce vieillard qui vous a donné la vie ?

Êtes-vous présent ?

Ego or not ego ?

*Ce ne sont pas les grandes tragédies qui conduisent un être humain à l'asile,
ce n'est pas la mort de ses amours, c'est un lacet de bottine
qui se rompt lorsque le temps manque.*
Charles Bukowski

Nous allons, à ce stade-ci, faire un exercice de révision qui consiste à distinguer activité mentale-conscience et gros ego ; pensouillures et pensées sans ego dedans.

Nous nous servirons d'exemples tirés du quotidien. Il faut dire que le quotidien emmerde Pensouillard, car il n'y trouve pas matière à montrer à quel point sa course est spéciale. Pas de médaille, pas de trophée, pas de bourse. Rien de vraiment remarquable sinon ces milliers de gestes qui conduisent la vie : changer la couche d'une personne incontinente, instruire un déficient intellectuel, maîtriser un patient violent, laver la bouche d'un mourant, etc. Si Pensouillard se méprise en posant ces gestes-là (« Quel métier de merde je fais ! »), l'activité mentale-conscience sait en revanche que le bonheur s'y trouve. Distinguons donc le **gros ego** qui embête tout le monde, à commencer par lui-même, et l'**activité mentale-conscience** – où circule la **pensée dépourvue d'ego** – qui n'embête personne. Sans vous en rendre compte, vous avez déjà au quotidien des tas de pensées dépourvues d'ego.

○ C'est la pensée sans ego dedans qui fait prendre de l'aspirine aux humains quand Pensouillard leur donne mal à la tête (la rotation d'une roulette peut irriter certains neurones et provoquer des décharges assommantes). C'est également la pensée dépourvue d'ego qui laisse un petit mot sur la table pour rappeler aux êtres chers d'aller chercher du lait au dépanneur et pour leur dire : « Je vous aime, les enfants ! » Mais, quand tout le monde est parti et que la maison est vide, c'est le gros ego qui crie : « Il n'y a personne ici pour me dire bonjour ? » Une pensouillure.

○ C'est le gros ego qui court toute la journée. Il court parce qu'un rythme plus lent ne lui permettrait jamais – lui, si important – de faire tout ce qu'il a à faire. Quant à l'activité mentale-conscience, elle regarde les hommes courir et dit : « Mais pourquoi ? »

○ C'est l'activité mentale-conscience qui empêche les têtes humaines de s'emboutir dans les bouchons, et c'est encore elle qui les incite à ne pas sortir le majeur pour se montrer leur supériorité. Mais c'est le gros ego qui sort le majeur et hurle à son voisin : « Espèce de gros épais ! » Une petite pensouillure, comme ça, en passant, pour s'aider à vivre ensemble.

○ C'est l'activité mentale-conscience qui fait manger les têtes humaines avec un biberon, une petite cuillère, une paille ou une seringue : « Allez, Madame Ève, encore une petite bouchée ! » C'est encore elle qui se soucie de la santé d'autrui et s'appuie sur des connaissances scientifiques (« Pas trop de sucre, pas trop de sel ! »). Pour sa part, le gros ego interdit la bouffe en fonction des croyances qu'il a inventées. « Pas de cochon ou de vache ! Rien de sacré, je dis ! » Même une tête de cochon peut devenir sacrée quand Pensouillard s'y met !

○ C'est l'activité mentale-conscience qui dit aux gens de cesser de s'empiffrer quand ils n'ont plus faim, mais c'est le gros ego qui déprime après sa troisième assiette : « Je suis indiscipliné, je n'ai aucune force de caractère, je suis nul ! » Et parce qu'il déprime, il se sert une autre assiette. Et son thérapeute lui dit qu'il mange ses émotions. Et Pensouillard de courir : « Je n'ai qu'une vie, bon !

Demain, j'arrête. Ou après-demain. Ou... Ou... Hou... Hou! Hou! Hiiiii! Hiiiii!... » En attendant, pour remplir ses quatre assiettes, le gros ego vide les océans. Sachez-le, il le fait en se convainquant, dur comme fer, que ces grands trous salés sont bien assez grands pour se repeupler tout seuls! Il se dit, comme ça, sans rire, qu'il doit certainement rester un poisson quelque part pour tout recommencer, un poisson assez débrouillard pour trouver une façon de repartir la machine.

⊙ C'est l'activité mentale-conscience qui sort les ordures en chantant, mais c'est le gros ego qui rouspète : « Comment se fait-il que c'est toujours moi qui sors les ordures ? »

⊙ C'est l'activité mentale-conscience qui, dans la paix, nettoie une cuvette ou un plancher, fait des confitures ou de la soupe, embrasse un genou plein de sable et de sang, retire une écharde enfoncée dans un pouce, reprise des chaussettes. Et si, pour parler de tout ça, la télévision faisait une émission intitulée *Personne n'en parle,* elle commettrait une erreur, car c'est le gros ego qu'elle montrerait, et son besoin d'être montré !

⊙ C'est l'activité mentale-conscience qui donne une grosse somme à une fondation pour lutter contre le cancer, mais c'est le gros ego qui tient le grand chèque cartonné entre ses pattes, pour mieux se voir dans les journaux en train de faire le bien !

O C'est l'activité mentale-conscience qui somme les têtes humaines de se priver d'un autre scotch avant de prendre le volant et c'est l'activité mentale-conscience qui les retient d'agresser leur petite fille après leur cinquième scotch, mais c'est le gros ego qui se raconte des histoires pour oublier à quel scotch il est rendu...

Fin de l'exercice. À refaire plusieurs fois par jour !

12

Être ce qui ne vieillit jamais

Il faut découvrir en nous ce qui ne vieillit jamais.
Marie De Hennezel

Quand je demande aux personnes que je vois en consultation ce qu'elles veulent, j'entends souvent : « Je veux devenir qui je suis, c'est-à-dire moi-même ! » Malheureusement, la plupart du temps, c'est l'ego qui parle. Le petit moi qui veut devenir un grand moi, unique, aimable, inattaquable. Or, le petit moi ne pourra jamais devenir lui-même, puisqu'il n'est qu'une illusion. Et une illusion, même si elle grossit, ne sera toujours qu'une illusion. Le petit moi est un obstacle qui empêche l'être humain de devenir ce qu'il est vraiment.

Alors, que sommes-nous vraiment? La réponse est fort simple: nous sommes ce qui, en nous, ne vieillit jamais. La capacité d'aimer, de contempler, de savourer, de donner... Une capacité qui n'a rien à voir avec toutes les idioties d'identification, qu'elles concernent un pays, une voiture, une opinion, une idée, une apparence ou une marque de sous-vêtements. Tout ce à quoi le petit moi s'identifie vieillit, meurt, se désagrège, disparaît. Tout ce qui a pu faire sécréter à l'activité mentale-ego des hormones de bien-être parce qu'elle entretenait l'illusion d'être unique n'est que duperie, une terrible farce.

Aujourd'hui, dans la majorité des têtes humaines, les roulettes vont dans la même direction. Si vous écoutez un tantinet, vous les entendrez produire des sons identiques qui tournent autour de ceci: «Quand je ne me sens pas unique, je ne me sens pas bien!» Si les hamsters courent dans les têtes humaines, c'est pour cultiver la certitude qu'il n'y en a pas d'autres comme eux:

> *Y en a pas comme nous, y en a pas comme nous,*
> *Si y en a, y en a pas, y en a guère,*
> *Y en a pas comme nous, y en a pas comme nous,*
> *Si y en a, y en a pas beaucoup!*

Cette chanson entretient la conviction d'être unique au milieu d'une bande de nuls.

Un certain monsieur Maslow (j'ai aussi de l'admiration pour son travail), que vous connaissez peut-être, a construit une pyramide pour représenter les besoins des hommes. Il les a classés en cinq catégories. De la base au sommet, les voici : survie, sécurité, socialisation, estime, accomplissement. Chaque besoin ne peut être pris en compte que lorsque le besoin qui se trouve plus bas, dans la pyramide, a été satisfait. Cela signifie qu'un être humain ne peut s'affairer à combler le besoin d'estime de soi s'il est affamé. Tout en haut, à la pointe de la pyramide, Maslow a installé le besoin ultime à ses yeux : celui de la réalisation de soi.

Dans le monde de l'ego, cette pyramide tient debout, mais dans le monde de l'activité mentale-conscience, elle s'effondre. D'ailleurs, si cette dernière affirmation vous chicote, vous n'avez qu'à vous demander ceci : quand une main délicate lave un vieillard incontinent, où il est, le gros ego, sur la pyramide ? Au sommet ? S'est-il réalisé ?... L'aspect ordinaire du geste peut-il permettre au petit moi de se distinguer ? De devenir le petit moi unique qu'il croit être ?

Maslow ne semble pas avoir vu (enfin, pas à ce que je sache) que si ce geste est issu de l'activité mentale-conscience, il fait disparaître tout besoin d'être quelqu'un, et toute la souffrance de ne pas l'avoir été ou de ne pas l'être. (La conscience peut habiter ce geste même si elle est affamée, en passant!) Le besoin de se réaliser n'a plus aucune raison d'être quand la décroissance personnelle s'est effectuée. Dans l'activité mentale-conscience, le besoin d'être soi n'a aucun sens.

Si Maslow avait compris que le soi qui a besoin de se réaliser est un hamster, il n'aurait peut-être jamais construit sa pyramide. Il aurait vu, en effet, qu'une tête humaine totalement habitée par l'activité mentale-conscience ne cherche pas à grimper quoi que ce soit, puisqu'elle est déjà complètement réalisée. Il aurait vu qu'elle n'a besoin de rien.

Et au diable la pyramide!

Exercice

Pour aller plus loin, j'aimerais faire avec vous un exercice qui nous permettra de déterminer quand votre petit moi se sera enfin réalisé.

> Faudra-t-il qu'il soit plusieurs fois millionnaire?

> Faudra-t-il que sa photo fasse la page couverture des magazines?

> Faudra-t-il qu'on le reconnaisse chez Costco ou Walmart ?

> Faudra-t-il que son œuvre soit convoitée ? Qu'elle soit en tête du *billboard* ou dans une galerie de New York ?

> Faudra-t-il qu'il devienne directeur ou directrice de son équipe, de son service ou de son institution ?

> Faudra-t-il qu'on se retourne sur son passage (Voyez-vous ça ? Dans une roulette !) ou qu'on le cite et lui demande son autographe ?

> Faudra-t-il qu'on lui donne une augmentation de salaire ?

> Faudra-t-il qu'on l'écoute chaque fois qu'il parle ?

> Faudra-t-il qu'on écrive sa biographie ?

> Qu'est-ce qui lui permettra d'affirmer, hors de tout doute, qu'il s'est enfin réalisé ? Posez-vous très sérieusement la question.

Quelle est votre réponse ? Voici la mienne : rien de tout ce qui précède !

La réussite procure un plaisir momentané, bien sûr (on parle de deux mois pour les médaillés olympiques), mais la plénitude n'a rien à voir avec le succès.

La plénitude ne peut se vivre que dans **l'attention absolue à ce qui est vivant,** pas à ce qui est mort! Les exploits, les réussites, les prix, tout ça est terminé aussitôt que ça apparaît. Ce n'est plus qu'un enregistrement sur le disque dur de la mémoire. Les récompenses ne sont pas la vie, ce ne sont que des inventions du hamster! Elles permettent à Pensouillard de se sentir unique – oh! ça, oui! – mais ne seront jamais la vie qui circule dans l'intention d'aimer. Jamais!

La vie n'a pas besoin de se sentir unique, elle n'a pas besoin d'identité.

Plusieurs bêtes font pipi pour marquer un territoire où elles pourront se nourrir et se reproduire. L'ego plante plutôt des drapeaux ou arrose son asphalte le dimanche après-midi (en mémoire du trou où il a vu le jour, qui sait?). Et quand l'ego arrose son asphalte, son asphalte juste à lui, il a enfin le sentiment d'être unique. Belle réalisation, non?

13

Faire un peu de ménage dans le moment présent

Deux choses sont infinies, l'Univers et la bêtise humaine. Mais en ce qui concerne l'Univers, je n'en ai pas encore acquis la certitude absolue.
Albert Einstein

J'étais récemment dans la salle d'attente d'une clinique médicale de gastro-entérologie. J'attendais le spécialiste qui me traite depuis un an pour un problème à l'estomac. Le médecin se présente au bout de la pièce et appelle la personne dont c'est le tour. Immédiatement, l'homme assis près de moi sort de ses gonds. « J'étais là avant lui ! C'est mon tour. Ça ne se passera pas comme ça. Je vais leur montrer, moi, comment on traite les patients. C'est cette femme-là, la réceptionniste, qui mélange tous les dossiers (vous pouvez ajouter ici toute une série de mots tirés du vocabulaire liturgique). »

Je regardais Pensouillard courir dans sa tête et me disais « Oh, là, là ! Pensouillard est en Ferrari ! S'il accélère encore, il va devenir dangereux. Et pas le moindre soupçon de conscience pour ralentir la bête... » La réceptionniste s'est levée et lui a montré, collée sur la porte, la petite affiche « Aucune violence verbale ne sera tolérée ». Mon voisin s'est tu, mais on pouvait voir Pensouillard continuer à ronger son frein dans son crâne. Ironiquement, si ce monsieur patientait dans cette salle, c'était à cause d'un problème digestif, ulcère ou cancer. En attendant d'être soigné, il aggravait son problème ! Où était son intelligence ?... Évincée par le petit moi qui s'affirmait haut et fort !

Avec un peu d'entraînement, ce monsieur aurait très bien pu décroître. Il aurait pu placer son attention sur sa réaction, passer de l'activité mentale-ego à l'activité mentale-conscience et en profiter pour discuter avec son voisin des méfaits du petit moi...

Attention ! Cela n'est pas une invitation à l'abnégation. L'abnégation n'est pas une porte d'entrée dans la décroissance personnelle. Elle pourrait même être, pour le petit moi, une autre façon de montrer à quel point il est spécial : « Je ne suis pas impatient, moi, je me calme. Je respire par le nez, moi, car je suis intelligent, spirituel, bien au-dessus de ces réactions de gorille. » Dans l'abnégation, la tête est encore pleine de mots; dans la décroissance personnelle, elle est vide, ou presque. Seulement quelques pensées dépourvues d'ego, qui vous sont maintenant familières: « Oups! le petit moi s'affole, vivement la décroissance! » Ce n'est pas une disparition, c'est une apparition, celle de l'intelligence. C'est aussi ce qu'on appelle **entrer dans le moment présent.**

Arrêtons-nous d'ailleurs à l'expression « vivre le moment présent » pour y faire un peu de ménage. Il règne une grande confusion au sujet de ce qu'elle signifie. L'ego en fait ce qu'il veut: « Je m'applique à vivre le moment présent, alors s'il te plaît, cesse de m'emmerder! Et puis ça m'aiderait si tu sortais les poubelles. » On ne comprend pas que vivre le moment présent, c'est aussi pendant qu'on sort les poubelles.

J'ai entendu des adolescents me dire qu'ils voulaient visiter l'Asie, sauter à l'élastique et faire l'amour à 14 ans parce qu'il fallait vivre le moment présent. Curieusement, ils échouaient à l'école et leur petit moi prenait plaisir à affirmer qu'il n'avait pas de temps à perdre à écouter un prof minable et ennuyeux. Ils avaient visiblement confondu « vivre le moment présent » et « tout avoir ou tout faire tout de suite ». La modernité, qui s'affaire à séduire le petit moi des ados en lui offrant des identités griffées, ne lui dit surtout pas que vivre le moment présent, c'est avoir son attention totalement alerte à chaque instant – écouter, regarder, sentir ce qui se passe en soi et à l'extérieur de soi – y compris quand le prof parle.

J'ai également entendu des personnes dans la cinquantaine faire la promotion du moment présent et, dans la même phrase, exprimer le sentiment d'avoir raté leur vie. Leur petit moi attribuait sa non-éclosion au hasard ou à un karma. Il estimait ne s'être trouvé ni au bon endroit ni au bon moment, et clamait sans vergogne que son potentiel aurait fleuri si les astres qui en étaient responsables avaient été alignés le jour de sa naissance ; c'était la faute à Vénus ! Un peu de chance, et leur petit moi aurait pu vivre le moment présent.

Ce n'est pas le petit moi qui vit le moment présent ; Pensouillard n'est jamais dans le moment présent. Il est toujours dans le passé ou l'avenir, c'est là qu'il court. Seule l'activité mentale-conscience peut vivre le moment présent, pas l'activité mentale-ego. L'activité mentale-conscience peut malheureusement être contaminée par le petit moi et utiliser le moment présent pour commettre des horreurs.

Quand une cervelle s'injecte des saloperies, par exemple, toute l'attention est alors placée sur la quête d'une veine, sur l'aiguille qui la pénètre, jusqu'à ce que les neurones deviennent un vaste champ de vaps où Pensouillard ne court plus. La roulette peut ralentir au point de se dissoudre en overdose. D'ailleurs, le suicide est une manière que choisit Pensouillard pour s'arrêter lui-même. L'activité mentale-ego n'en peut plus des souffrances que les pensouillures engendrent. Une balle dans la tête est une affirmation très forte du petit moi: «Je ne suis pas fait pour vivre en ce monde, je suis trop différent. Personne ne peut répondre à mes besoins ou soulager la souffrance exception- nelle que je vis.» Le petit moi ne voit plus d'autre façon d'installer le silence dans la tête ou de recevoir de l'attention. Sa réflexion peut même aller jusqu'à: «Vous ne m'avez pas aimé comme je le méritais, je vais donc vous priver de ma présence.» La décroissance person- nelle permet de prévenir certains suicides.

Une cervelle peut également entrer dans le moment présent pour détruire la vie qui circule autour d'elle, quand elle torture ses sem- blables, par exemple. L'attention de certains bourreaux est tout en- tière dans le moment présent pendant qu'ils fixent des électrodes à des testicules.

Il est impossible de lister toutes les situations au cours desquelles l'attention se doit d'être parfaite pour exécuter des atrocités, mais pensez à celles-ci: un tireur dont l'œil s'appuie sur la lunette alors qu'il vise la tête d'un homme; un poseur de bombes qui effectue les derniers branchements sur son engin; un voleur qui, dans le métro, pille le sac d'une vieille dame sans se faire voir des autres passagers. L'attention est dans le moment présent, mais c'est le petit moi, avec l'une ou l'autre de ses identités multiples, qui se tapit derrière ces gestes. Le petit moi et sa peur de mourir. Rusé, il pénètre la conscience comme un virus. Il peut, par exemple, placer toute son attention sur les paroles d'une personne et, par la suite, reprendre ces paroles en son nom devant un auditoire qu'il veut séduire. Derrière la supposée « écoute » se trouve Pensouillard et son besoin de se réaliser, en exploitant autrui à des fins de croissance personnelle. Un cul-de-sac dans une roulette !

Les plus grandes maladies de tous les temps ne sont pas la peste ou le choléra, ce sont le syndrome d'hyperactivité et le déficit d'attention. Véritable pandémie moderne, ils touchent tous les « petits moi » qui veulent être aimés. Mais c'est peine perdue ! Le petit moi sera toujours isolé, séparé, divisé... Il n'y a que lui qui compte à ses yeux. Comment le faire comprendre à tous ceux qui sont atteints ?

On nous dit souvent de « lâcher prise », expression aussi populaire que le « moment présent », mais nulle part se demande-t-on qui doit lâcher prise. Encore le petit moi ? Le petit moi ne lâchera jamais prise. Il se résigne, fait des compromis, négocie au mieux. Lâcher prise, c'est mettre l'activité mentale-ego à *off, that's it that's all*! Ce n'est pas le petit moi qui renonce – il ne renonce jamais, il en est incapable –, c'est le petit moi qui disparaît et l'activité mentale-conscience qui apparaît. C'est le passage le plus difficile d'entre tous: celui du petit moi à la conscience. Et dans l'activité mentale-conscience véritable, celle qui est capable d'observer toutes les tractations du petit moi, ses manipulations, ses ruses, et d'en rire, il n'est plus de besoin de permanence, d'immortalité, de durée. Il y a le sentiment profond d'être relié à tout, dans le moment présent. La réalité !

Exercice

Dans un restaurant, une salle d'attente, au travail, à un souper de famille, prenez le temps d'écouter le discours des personnes qui vous entourent. Identifiez les pensées pleines de petit moi – vous verrez, elles sont nombreuses –, observez les réactions physiques qu'elles déclenchent chez les personnes qui les expriment et chez celles qui les écoutent. Demandez-vous qui, dans cet endroit, est vraiment dans le moment présent. Vous comprendrez immédiatement pourquoi il est urgent d'apprendre à décroître.

PAUSE-CONSCIENCE
La mort

Toute lumière que vous lui donnez vous sera retournée.
Jean-Jules Soucy

Certains humains croient dur comme fer que Pensouillard poursuit sa course après la mort de leurs neurones, que la roulette tourne dans une espèce d'animalerie éternelle située dans l'au-delà. J'imagine parfois ce paradis où des milliards de hamsters tourneraient les uns à côté des autres en regardant, à vol d'oiseau, ce qu'ils ont fait de la vie et j'en ai des frissons.

Mais bon, il y a quand même la mort de ceux qu'on aime, la mort des hommes ou femmes avec qui nous avons choisi de vivre, celle des enfants que nous avons eus, celle de parents, de frères et de sœurs, et celle d'amis. Leur corps dissous dans la terre (ou les airs, peu importe), cette mort fait mal! Ne plus pouvoir caresser une joue, un front, un cou. Ne plus pouvoir entendre un rire, sécher des larmes, moucher un nez. Ne plus pouvoir rassurer, enseigner, éduquer. Ne plus pouvoir tenir une main, la nuit, car l'autre est parti. Cet autre qu'on pouvait prendre dans ses bras. Cet autre qu'on aurait dû écouter davantage. Il n'est plus là, elle n'est plus là.

La douleur existe, réelle, comme du métal chauffé à blanc entre les côtes, des tessons de bouteille charriés dans les artères par le sang, des poumons qui s'embrasent à chaque inspiration. Une douleur sans bon sens.

Il faut autre chose...

Et s'il y avait autre chose?

Parfois, quand quelqu'un meurt, on voit sa cervelle entrer dans l'activité mentale-conscience. Les dernières forces ne sont alors utilisées que pour la présence. Pensouillard ne raconte plus rien, car tout ça n'a plus aucune importance, seule la présence compte. Un bras se lève pour entourer un cou, des regards se rencontrent; on ne cherche plus quoi dire ou quoi faire, car il n'y a pas de route pour se rendre là où on est déjà! Pensouillard est sorti de sa cage et ne court plus.

C'est donc quand l'intérieur de la tête est parfaitement silencieux qu'on comprend. On saisit que pour pouvoir vivre et aimer – aimer vraiment –, il suffit que meure le petit moi, cette bête invisible, ce rongeur qui a peur et a besoin de planter des drapeaux ou de faire pipi partout, même sur un cœur!

Et c'est la décroissance personnelle qui fait mourir Pensouillard, en un instant... Pfft! disparu, le gros ego!

Cette mort conduit là où il n'y a plus d'images, plus de mots, plus de passé, plus d'histoire. Là où il ne reste que la vie, la vraie! Éternelle, peut-être...

Conclusion
La résurrection existe

La vraie valeur d'un homme se détermine en examinant dans quelle mesure et dans quel sens il est parvenu à se libérer du moi.
Albert Einstein

La résurrection, ça vous dit quelque chose ?

C'est un mystère conçu pour faire comprendre l'importance de la mort du petit moi. Il a été conçu par un crucifié qui est réapparu trois jours après avoir été décloué. Il en a d'ailleurs parlé toute sa vie, avec des mots d'enfant comme : « Bienheureux les pauvres d'esprit, car le royaume des cieux est à eux. » On pourrait le traduire ainsi : « Bienheureuses les cervelles dans lesquelles Pensouillard ne court plus, car elles ont enfin trouvé la sainte paix. »

L'explication du mystère de la résurrection est simple : quand Pensouillard lève les pattes, il y a la vie ! C'est pareil pour un grain de blé, il faut qu'il meure pour qu'il y ait la vie. Ces mots viennent aussi du crucifié, il l'a dit dans une parabole à des pêcheurs qui ne connaissaient pas grand-chose à la culture du blé. (Une parabole est une histoire dans laquelle on peut mettre beaucoup de mots d'enfant.) Voilà pourquoi on a pu revoir cet énergumène, même après une crucifixion : en vérité, c'est le petit moi – le hamster – qui est mort en lui, pas lui !

Quand il est réapparu, après avoir séjourné dans une grotte qui avait l'allure d'un tombeau, le rongeur n'était plus là ! Disparu, le fatigant ! Fini le tapage inutile ! Cet homme était tellement heureux qu'il flottait. On aurait dit qu'il était ressuscité. On aurait même pu croire qu'il allait monter au ciel ; c'est comme ça quand Pensouillard se tait, on croirait que le ciel existe !

Je viens de me rendre compte que vous ne connaissez peut-être pas le crucifié. Je corrige immédiatement cette bourde. Le crucifié est un personnage devenu célèbre pour avoir fait remplir de grandes amphores avec de l'eau, dans un village où on faisait la noce, et avoir donné à cette eau le goût du vin. On ignore encore aujourd'hui s'il avait des cristaux de saveur cachés quelque part, mais il faut reconnaître qu'il s'est très bien débrouillé, car tout le monde en a redemandé !

Il est également devenu célèbre pour avoir permis à des aveugles de voir le hamster dans leur tête. Quand on sait qu'avec des appareils ultramodernes on n'y arrive pas et que, à l'époque, on n'était pas très moderne, il fallait quand même le faire !

Mais c'est surtout pour sa résurrection qu'on l'aime. Il s'est servi d'elle pour démystifier la mort du petit moi. Pour montrer que la vie apparaissait quand Pensouillard disparaissait pour deux ou trois jours ! Il suffisait qu'elle soit là dans toute sa splendeur pour que des copains la voient et en restent complètement babas !

J'arrive maintenant à la fin de ce livre, je vais donc me taire, mais je tenais à vous parler de résurrection, à ce que vous compreniez bien que dans les têtes humaines où meurt le petit moi, il y a une éblouissante apparition. Quelque chose que seul le silence peut décrire...

Remerciements

La rédaction de ce livre a exigé des efforts, des nuits blanches, et l'appui de plusieurs personnes. Il est possible que certaines d'entre elles ne soient pas mentionnées. Je les prierais de me pardonner.

Merci d'abord à Jean Paré, parce qu'il y a cru dès le début et qu'il n'a jamais cessé d'y croire. Merci à toute son équipe, plus particulièrement à Mathieu de Lajartre et à Manon Chevalier, pour avoir tenu ma main quand elle allait à nouveau se perdre. Merci à mes amis Paul Baillargeon et Sylvie Lalande, qui ont tout fait pour que je puisse écrire dans des conditions où la chaleur, la lumière et l'électricité n'étaient pas au rendez-vous. Merci à Carmel, Jay et Julien pour avoir transporté la génératrice et les câbles à travers les buissons. Merci à mon ami Michel Brouillette, toujours disponible quand l'informatique ne l'était plus. Merci à Louis et à Nicole, ces parents d'outre-mer, pour leurs encouragements affectueux. Merci à Julie qui, elle aussi, a gardé l'espoir vivant. Merci à mes parents, frères et sœurs, pour leurs clins d'œil complices. Merci à mon ami Rémi de m'avoir permis de rencontrer ces moines, si inspirants, au Népal. Merci à tous ces autres amis qui ont suivi cette aventure avec leur tendresse: Évangéline, Didier et Émilie, Daniel et Simone, Robert et Marcelle, Marie-Christine, Andrée, Ani Lödrö, et tous ceux qui savent qu'ils ont été là. Merci à Émilie, celle que j'ai souvent osé appeler «ma fille», pour sa patience et sa compréhension. Merci finalement à Danielle pour ses regards, son écoute, ses mots, ses silences, ses sourires, ses rires, sa présence vraie et sa douce compréhension du besoin de solitude qui entoure l'acte d'écrire.